中学生の質問箱

「ハーフ」ってなんだろう?

あなたと考えたいイメージと現実

下地ローレンス吉孝

平凡社

私たちの生きる社会はとても複雑で、よくわからないことだらけです。困った問題もたくさん抱えています。普通に暮らすのもなかなかタイヘンです。なんかおかしい、と考える人も増えてきました。

そんな社会を生きるとき、必要なのは、「疑問に思うこと」、「知ること」、「考えること」ではないでしょうか。裸の王様を見て、最初に「おかしい」と言ったのは大人ではありませんでした。中学生のみなさんには、ふと感じる素朴な疑問を大切にしてほしい。そうすれば、社会の見え方がちがってくるかもしれません。

中学生の質問箱

「ハーフ」ってなんだろう？ あなたと考えたいイメージと現実

もくじ

はじめに

こんにちは。私は「ハーフ」や「ミックス」などをテーマに研究しています。今まで、社会学という分野からこのテーマについて調査を行い、資料収集やインタビューを進めてきました。社会学では、個人と社会とを切り離して考えるのではなく、個人と社会との関係性を考察していきます。

最初に言いたいのは、もしあなたが何かで悩んでいたり何かの問題に直面しているなら、その原因を自分自身だけに求めて責めるのではなく、社会との関係性の中でとらえ直してほしいということです。

私はある文章の中で、いじめや差別の原因について、「肌の色が原因でいじめられた」、あるいは「ルーツが原因で差別を受けた」という表現があるのを見かけたことがあります。現実に、「ハーフ」と呼ばれる子どもたちがいじめや差別を経験するケースはあります。けれどもそれを、その人自身の「ルーツが原因で」と言ってしまうと、「あなたに海外ルーツがあることが原因」、つまり「海外ルーツがあること自体が問題」で、「それでいじめが発生する」という話になってしまいます。このような考え方だと、加害をする側ではなく、

差別があるのはルーツや肌の色、髪質そのものが原因ではない

被害を受ける側の個人に原因があることになり、それを乗り越えることも「自己責任」とされてしまいます。

「大変でも自分で努力してなんとか乗り越えてね」という自己責任論のメッセージは、結局、個人ではなく社会の側にある問題の解決を遅らせることにつながります。一人の個人が乗り越えても、社会全体にあるいじめや差別が一向に解決されないままだからです。

「自己責任」という言葉を聞くと、自分のことは自分で責任を持つというのは、大切なことのように感じるかもしれません。けれども、社会問題を個人の問題へとすり替えてしまう自己責任論は、問題の根本的な解決を先延ばしにしつづけてしまう考え方です。

社会学の視点、すなわち個人と社会との結びつきという観点からとらえ直すと、先ほどの話はこのように言うことができます。「個人の肌の色やルーツそのものに問題があるのではなく、個人の肌の色やルーツに、さまざまな意味合い、とくに差別的な意味合いを結びつけ、その結果として不平等や格差の現実を生み出す社会構造に問題がある」

差別があるのはルーツや肌の色、髪質そのものが原因ではありません。

これは大事なことなので強調しておきます。そうでなければ、いじめに悩んでいる場合、「自分が原因でいじめられている」と思いかねません。周囲の人もそう言ってくるだろうし、その結果、いじめられている子は「がまんするしかない」となってしまいます。

また、このような話をしていると、「ほかにも差別を受けている人はたくさんいる」「〇〇に比べればまだマシだ」と言ってくる人がいます。その行間の意味は、「ほかの人たちもいじめや差別を受けているんだから、自分ばかりいじめられてると思わないで、みんなと同じようにがまんしろ」ということだと思うんです。でも、個人個人ががまんすればいいという話になると、結局、社会における問題は変わらないままです。

この本では「ハーフ」や「ミックス」というテーマをめぐってどんな社会の問題があるのかを考えていきたいと思います（「ハーフ」や「ミックス」という呼び方を使うことには注意が必要ですが、それについては第1章の1でお話しします）。章と章の間には、なるべく多くの方のインタビューを掲載しました（多くは仮名で、一部、本名や活動名です）。データから新しいことを発見・分析したいのではなく、一人一人がどのような経験をしているのかを伝えたいという趣旨です。本文やインタビューの中にはいじめやイヤな経験についても掲載しています。もし読んでいて自分もつらい気持ちになったり、体調が優れないときは無理に読まなくて大丈夫ですので、そんなときはゆっくり休んでくださいね。

インタビューの長いバージョンをウェブサイト「ＨＡＦＵ　ＴＡＬＫ」（https://www.hafutalk.com）で公開していますので、ぜひ読んでみてください。

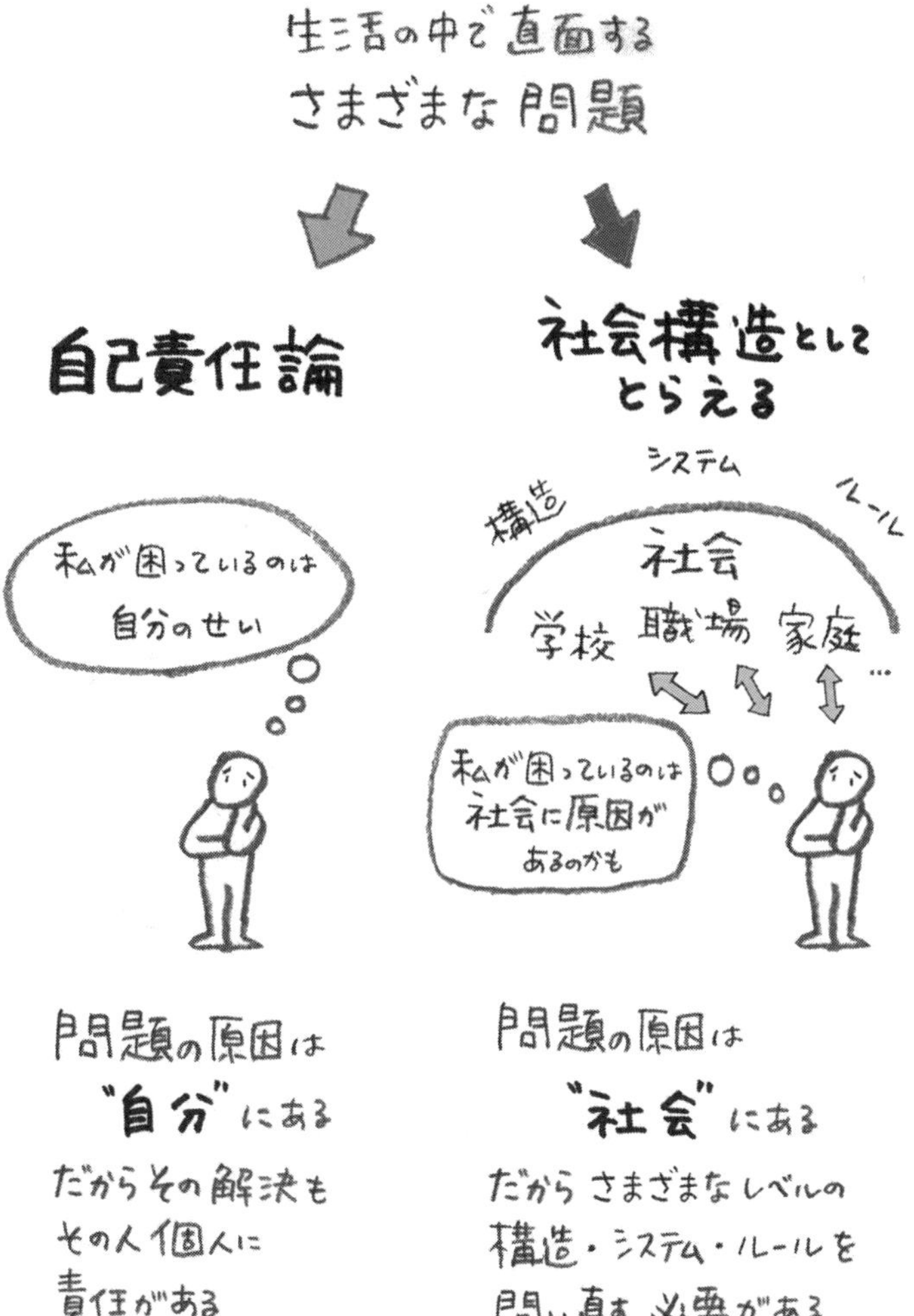
生活の中で直面する
さまざまな問題
自己責任論
社会構造として
とらえる
私が困っているのは
自分のせい
構造
システム
ルール
社会
学校
職場
家庭
…
私が困っているのは
社会に原因が
あるのかも
問題の原因は
“自分”にある
だからその解決も
その人個人に
責任がある
問題の原因は
“社会”にある
だからさまざまなレベルの
構造・システム・ルールを
問い直す必要がある

自分の経験を交えて書くことでやっぱり伝わるのかな、って思って

野本らなさん 野本アブルさん

野本らなさん　野本アブルさん

今、中学校や小学校ではどんな思いを抱えてどんな経験をしているんだろう。中学校3年生と小学校6年生のきょうだいに聞きました。

らな　日本で生まれて、お父さんがバングラデシュで、お母さんが日本の人です。

アブル　小学校では、ヘンな名前って言われましたよ。今は大丈夫ですけど。

らな　幼稚園のころは、ポジティブな経験で言うと、パパがいろいろ工作系が好きで、行動力がありすぎて、パパがいろいろな行事をしてくれて、逆に有名にはなって。だけど、小学校のときは、名前を書き間違えられたりとかはあったけど。あと、肌の色は……、(アブルは)「インド人」って言われたんだっけ?

アブル　「インド人」って言われたけど、インド人じゃねぇし。

らな　私は小学校のときに、「茶色いババア」で「茶ババ」って言われたんですよ。小学校中~高学年のころなんですけど。だから、そういうこともあって、中学は私立に行こうってなりました。私立で、新しく人間関係を再構築しようかなと思って。今までの自分だと、また同じことが起こるから、それを繰り返さないために変わるべきだなと思って、(中学校入学の)初日から様子うかがって。

——そうすると、小学校のときはけっこう大変だったんだね……。

らな　いじめって言っても過言《かごん》ではないですね。なんだろう、いじられてた感じ。正直、自分はあんまり言い返さずにいる感じで。言ったところで、相手に理解してもらえるのか、っていうのもあったし。もう、みんなと違うと……小学生ってみんなと違う人に対していろいろ言うじゃないですか。小学校3年生のときの先生が、そういう差別とかに敏感な人で。それに対して言ってはくれたけど。でも、4年のときの担任がすっごくいじられ系の先生にか

わっちゃって、学級崩壊して……。若い先生で……。人が足りてないんですかね、小学校って。

アブル　僕の場合は、学校は居心地《いごこち》も悪くはないです。いじめられてもないし。

らな　やっぱり、父親が黒人だっていうので、黒人差別とかに敏感になるのもあるし。弁論大会でそのことについて原稿書いて、そしたら選ばれて。自分の経験を交えて書くことでやっぱり伝わるのかな、って思って。当事者じゃないとあんまり、差別ってわからないじゃないですか。（ブラック・ライブズ・マターについて）最初はニュースで見て、ひどいなと思って、そのあとは自分なりにいろいろサイトとか見て、「ロサンゼルス暴動」とか調べたりして。歴史は繰り返されるじゃないですけど、同じことを繰り返して、人間は学ばないのかな、と思って。

――読者に伝えたいことは何かありますか？

らな　差別を受けることに慣れていないし、普通でもないし、かりに自分がそうなったときのことを考えてほしいっていうか。自分にされてイヤなことは人にするなって言うじゃないですか、本当にそうだし。あと、「日本人」が当たり前じゃないよ、っていうのは思ってほしい。日本人の感覚、「純日本人が日本では偉い」みたいな感覚は、自分の国だからそうなのかもしれないけど、世界に出たらいろんな人がいるし。だから、自分の中の「常識」は見直してほしいなって。

アブル　固定観念をね。

らな　視点を、一つだけじゃなくて、いろんな角度から人を見てほしいなって。「黒人だから考え方が間違ってる」とか、そういうわけじゃないし。日本人にはない考え方を持ってるかもしれないし。もうちょっと、フレンドリーになってほしいっていうわけじゃないけど、心を開くっていうかな、なんていうんだろう……。

アブル　黒人を尊重してほしいってこと？

らな　尊重ではないんだよね、もうちょっと理解してほしいっていうか。同じ人間なんだし、外見は違うけど、中身は変わんないんだからさ。自分の中の常識っていうのを信じすぎちゃってるのかな、そうすると、ほかの文化、多文化・多国籍の人を受け入れられないのかなっていう。

アブル　学校ではハーフじゃない人ともめっちゃ仲良いですよ。打ち解けられない部分も、年をとるごとに減ってくと思うんですよ、実際減っていってるし。

らな　普通の日本人の友だちとは、仲良いけど、ここまでしか仲良くなれない、これ以上先にはいけないっていうのはあって。ちょっと、隠す部分というか、話せない部分があって。結局は話したりするんですけどね。

アブル　自分から距離を置かずにグイグイいけばけっこう仲良くなれるんですよ。

――話せない部分っていうのは、やっぱり宗教的な背景もあったりするのかな。

アブル　うん、僕はぜんぜん話して大丈夫なんですけど。言っても「へー」としか言われない。

らな　そこの感じ方って、人それぞれですよね。すごい、こちらが勇気を振《ふ》り絞《しぼ》って言ったことに対しても「へー」としか言われないと、逆に、「おぉ」ってなっちゃう。言われた側もどんな反応すればいいのかわからないっていうのもわかるし。でも、学校の外国人の先生とかはすごい理解してくれたりするんですよ。

アブル　日本って、海外から来た人、海外から来たっていうか、関係を持っている人に対して、冷たいじゃないですか。それは、僕たちみたいにハーフの人とか、ナチュラルに海外から来た人とか、日本人が海外に留学してそこから帰ってきた場合もけっこうパワハラ受けるみたいだし。

だから、なんていうか、日本ってけっこう先進国じゃないですか、なのに海外に冷たいので。もっと、海外と関係を持ってほしいんですよね。だからなんていうか、異文化を受け入れてほしい。とはいっても、僕は日本から出たくはないんですけどね（笑）。異文化を受け入れてほしいです。ハーフの人が増えているのに、受け入れられないっていうのは……。

2020年6月、らなさんは学校の弁論大会で、自分自身の経験や差別への思いを発表しました。そのときの作文を紹介します。

◆らなさんの作文

先月25日、アメリカのミネアポリス郊外で、アフリカ系アメリカ人の黒人男性ジョージ・フロイドさんが警察官の不適切な拘束《こうそく》方法によって命を落としました。このニュースはテレビなどで広く報道されており、ほとんどの人が耳にしていると思います。警察官に首を押さえつけられた彼が「呼吸ができない、助けてくれ」と何度も何度も言っていたにもかかわらず、警察官は約9分間フロイドさんの首を膝《ひざ》で強く押さえつけ、反応がみられなくなった後の約3分間においても押さえつけていました。彼は自分を押さえつけている警察官に何度も「プリーズ」と言いながら亡くなっていったそうです。この映像を見るたびに激しい怒りを覚えます。この出来事が黒人差別問題にさらに火をつけました。

今世界中の人々が新型コロナウイルスによって日常を脅《おびや》かされています。アメリカでは感染者、死者共に多くの割合を占めており、その中でも人口10万人あたりの死者数は白人が22人、黒人が54人となっています。黒人の死者数が白人と比べて2倍以上になっていることにとても驚きました。ここにも人種差別の匂いを感じ、自分なりに考えてみました。貧富《ひんぷ》の差が激しかったり、人種差別によって十分な治療を受けられない黒人がたくさんいるのではないかと。今はみんながつらい思いで同じ状況なのにそれでもなお差別をする。楽しいのでしょうか？　何がしたいのでしょうか？　何を求めているのでしょうか？　私は思います。黒人だから何かをしてはいけないなんておかしな事だと思いませんか？　世界には自由という言葉があります。黒人が何をしようと自由なのです。

私の話をします。私の父はバングラデシュ人で母は日本人です。黒人と日本人のハーフなので当然父の要素を持っています。その上私は弟に比べて父に似ているので日本人とは少し容姿が違います。小学生の頃クラスメイトに名前や肌の色、家族のことでからかわれたり、ゴリラと言われたり茶色いものに例えられたり、色々なことをされました。思い出すだけで胸が苦しくなります。当時も今も私は思い続けています。どうしてみんなと違ったらダメなの？　どうして人を見た目で判断するの？　答えは見つかりません。世界には人種差別問題を歌った曲がいくつもあります。「生まれたところや皮膚や目の色で一体この僕の何がわかるというのだろう」本当に共感します。また、イギリスのミュージシャンの曲に「人種の壁を超えてみんなで一緒に生きよう、ピアノの鍵盤《けんばん》のように左右に並んで。なぜ俺たちはそれができないんだ、人間はみんな同じ、誰にだって良いところも悪いところもある。必要なのは力を合わせ、共に生きるということだ、白人と黒人」という歌詞があります。この歌詞の通り人間はみんな同じ、何一つとして違いはないのです。

　でも人種であれ性差やＬＧＢＴであれ、そもそも差別とは体験してこそ初めて自分ごととして理解できる。他人の悲しみに寄り添うことはできても、当事者にならない限り差別を受けている人の真の思いを測り知ることは難しいと思います。でもこれだけはお願いです。もう二度と同じことを繰り返さないで、絶対に差別はしないで。誹謗中傷《ひぼうちゅうしょう》を受けることはとてもつらいです。何度も何度も言葉のナイフで心を抉《えぐ》られ、もう元には戻りません。一度言われたことは今でもずっと覚えています。

　私は今まで自分のつらい過去を人に話すことを避けていました。話したらまた同じことが繰り返されるかもしれないと思い、怖《こわ》くて話せませんでした。でも言わなきゃ何も伝わらない、少しでも多くの人に世界の現状を知ってもらいたい。また、身近な人にもいるかもしれない、だからどんなことがあっても差別しないで、黒人の命も大切ということを忘れないでください。これ以上黒人の命を奪わないでください。もう人が苦しむ姿を見たくはありません。いつか世界中の人が見た目ではなく、人格で評価される日がきますように。

第1章

「ハーフ」の問題は社会の問題なの？

1 社会の問題として考えるってどういうこと？

――「ハーフ」のことを社会の問題として考えるって、どういうこと？

私はこれまで、新聞や雑誌などの記事や、史料館に残っている資料を探したり、インタビューで実際にどんな経験をしているか話を聞かせてもらいながら調査や研究を進めてきました。

このごろは「ハーフ」と呼ばれる人々を含めて海外にもルーツを持つ人が少しずつ増えてきていますが、インタビューをしていると、「自分が子どもだったころはハーフはクラスで自分一人だった」「自分のきょうだい以外のハーフに会ったことがない」という話を聞くこともあります。

まわりに自分と境遇《きょうぐう》の似ている人が少ない場合、自分の経験がかなり特殊《とくしゅ》であると思えますし、自分の経験は自分一人しか経験していないもので、だれかに話しても、だれにも共感してもらえないと思ったりもします。きょうだい同士でもそれぞれの経験が違ったりもします。

私自身も、おじいちゃんが米兵（アメリカ軍の兵士）、おばあちゃんが沖縄の人なので、お母さんが「ハーフ」ですが、自分たち家族と同じような境遇の人をまったく知らずに大人になりました。でも、大人になって調べていくと、こういった個人的だと思える家族の体験は、社会のさまざまな歴史的背景と密接に結びついていることがわかりました。

社会に目を向けてみると、自分だけが経験していると思っていたことをほかの人も経験していたり、自分が直面している問題が、じつは社会に浸透《しんとう》している偏見《へんけん》や、社会の構造、歴史、制度などから影響を受けていることに気づくこともあります。個人的な経験を社会の問題として考えるというのはこういうことです。「個人的なことは社会的／政治的なこと」という有名な言葉がありますが、まさにそのとおりだと感じます。

「ハーフ」や「ミックス」のテーマをめぐる問題を、社会の問題として考えていくにあたって、最初に呼び方の話をしておきたいと思います。

ここまで、私は「ハーフ」や「ミックス」などの語句を使ってきました。日本社会には、このように海外のルーツが含まれていることを説明する名詞がいくつも存在していますし、過去にもさまざまな言葉が使用されてきました。左ページに一部を挙げました。

――こんなにあるんだね。

そうですよね。ここに書いていない呼称や、他にも、差別的な表現などがあります。最近英語圏ではカタカナの「ハーフ」が逆輸入されて、ウェブのニュース記事などで「HAFU」と表記される場合もあります。これらは歴史の中で変化したり、人や場面によって使われ方が違ったりする場合があります。このような社会にあるカテゴリーに、しっくり当てはまらないと感じている人ももちろんいます。

また、このようにさまざまな名詞が存在しているため、複数のルーツがある状況の人を「どの言葉で呼ぶのが正しいのか?」「なんと呼べばいいのか?」という疑問が浮かんだり、「この言葉で呼ぶべきだ」という意見も出てくるかもしれません。

でも、なによりも大切なことは、どの言葉が正しいか、どの言葉で呼ぶべきかを、本人の意思を無視してまわりが一方的に決めるべきではないということです。自分のことをどのような呼称で呼ぶのか、または呼ばないのかを、そのときどきで自分自身で決める権利が認められるべきなのです。自分のことを自分で決める権利のことを「自己決定権(the

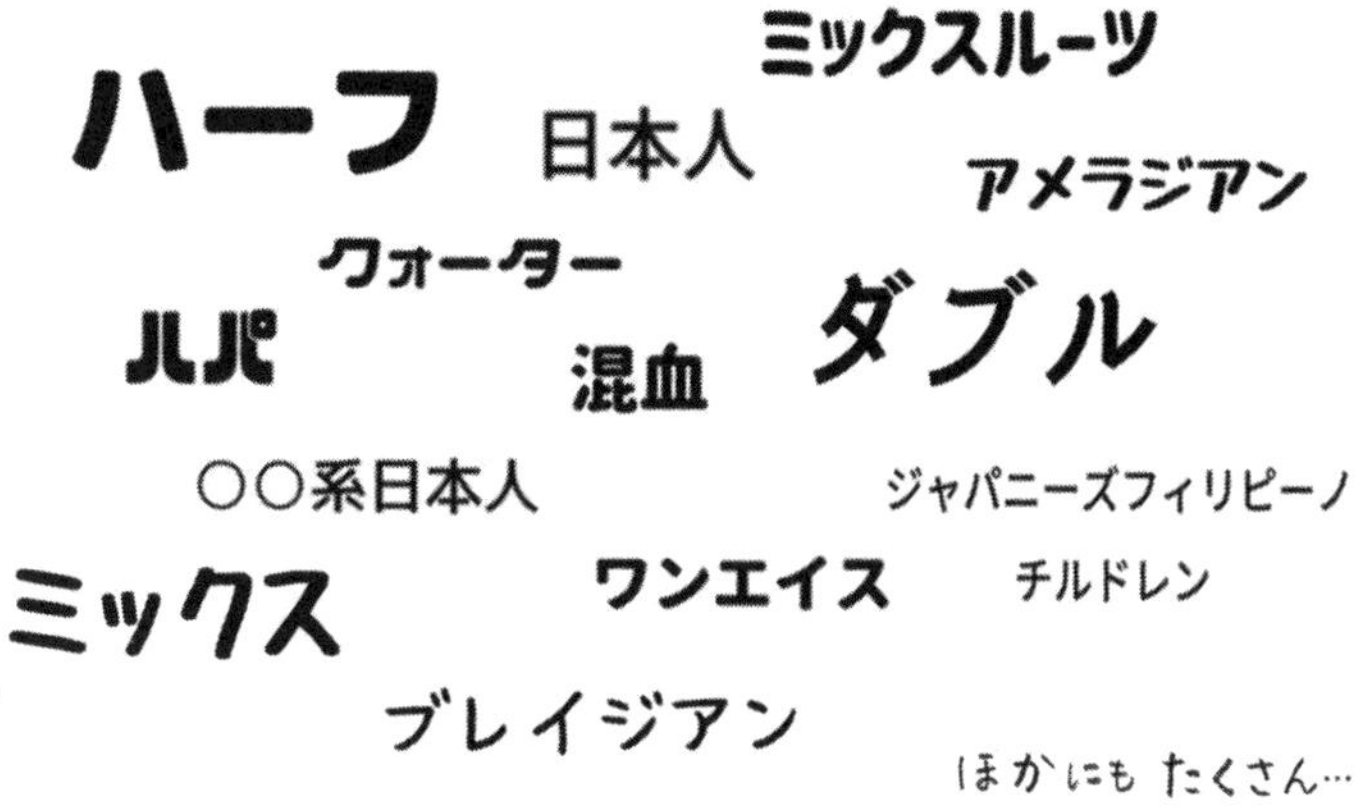

right of self-determination)」と言います。「自決の権利」とも訳されます。

国連が１９６６年に採択した「国際人権規約」があります。「すべての人間は生まれながらに基本的人権を持っている」という「世界人権宣言」（１９４８年採択）の内容を実現するためにつくられた国際的な約束事です。日本も批准《ひじゅん》しています。

国際人権規約の中の「自由権規約」と「社会権規約」の第一条は次のような条文で始まります。

すべての人民は、自決の権利を有する。この権利に基づき、すべての人民は、その政治的地位を自由に決定し並びにその経済的、社会的及び文化的発展を自由に

追求する。

このような自己決定権の考え方に照らし合わせてみると、自分自身のアイデンティティを名指す言葉も、他者にそれを決める権利があるのではなく、自分自身に決定権がある、ということだと考えられます。

ですから、目の前にいる相手をなんと呼べばいいか迷ったときに必要なのは、相手が自《みずか》らをなんと呼ぶか、呼ばないかということに耳を傾けることです。

この本の中でもいろいろな人のインタビューを紹介しています。その一人一人の声に耳を傾けてみてください。自分のことを、「ハーフ」と呼んだり、「日本人」と呼んだり、「ミックス」と呼んだり、「混血」と呼んだり、あるいは呼ばなかったり……。

――みんな、ばらばらなんだ。

そうですね。実際にみんないろいろな表現で自分自身を語っています。この本では、インタビュー以外では、さまざまな言葉があるという前提に立って「ハーフ」や「ミックス」などという表現を使いますが、その呼び方がいいとか正しいと考えているわけではなく、社会で使用されている言葉を引用する意味で「　」をつけて使っています。
「この言葉が正しい」「この言葉を選ぶべきだ」と、一つの言葉で言い表そうと迫る社会の圧力がありますが、たとえばテニスで活躍する大坂なおみ選手は、２０２０年に自分自身のアイデンティティについてこのように語っています。

私の名前は大坂なおみです。物心がついたころから、人は私を「何者か」と判断するのに困っていました。実際の私は、一つの説明で当てはまる存在ではありませんが、人はすぐに私にラベルを付けたがります。

日本人？ アメリカ人？ ハイチ人？ 黒人？ アジア人？ 言ってみれば、私はこれらすべてです。私は日本の大阪で、ハイチ人の父と日本人の母の間に生まれました。私は娘であり、妹であり、誰かの友だちであり、誰かのガールフレンドなのです。アジア人であり黒人であり、女性なのです。たまたまテニスが得意だったということを除けば、他の人と変わらぬ22歳です。私は自分自身をただ、「私＝大坂なおみ」として受けとめています。

（ＥＬＬＥ公式ページ「大坂なおみが特別寄稿。ジョージ・フロイド事件の数日後に、私がミネアポリスでデモに参加した理由」２０２０年７月13日）

「言ってみれば、私はこれらすべてです」と語る大坂選手のメッセージは、複数のルーツを持つ人々に「どれか一つ」であることを迫る考え方に対する強力なリターン（サーブを打ち返す行為）です。

たとえば、「日本人」と「黒人」という二つの言葉をとってみると、それらは日本社会の中でそれぞれ別々の概念《がいねん》だと思われている場合がありますが、実際には「日本人であり黒人でもある」と、大坂選手が語るように重なり合う場合があるということなのです。大坂選手は「日本人」であり「黒人」であると同時に、複数のアイデンティティ（ズ）を表現しています。このように、私は○○であり、同時に△△である、というアイデンティティの表明は、「アイデンティティは一つであるべきだ」という社会の思い込みに疑問を投げかけています。

――日本では大坂選手みたいに複数のルーツを持つ人が少ないから、戸惑《とまど》ってしまうのかな？

「ハーフ」や「ミックス」の人々をめぐる問題について、それを日本だけの特殊な現象

「日本人であり黒人でもある」というように
重なりあって表現されるアイデンティティ

だと思う人もいるのですが、実際にはほかの国でも共通することがあります。カナダやシンガポール、アメリカなど、いわゆる「移民国家」「多人種」「多民族」と言われる国でも、共通する社会問題は存在します。

これらの国でも、人種的に複数のルーツを持つ人のことを表す言葉がいろいろと存在するのですが、英語圏での呼び方の一つで「ミックスレイス（mixed race）」という言葉があります。「race」は「人種」という意味です。アメリカなどでは、1990年代ごろから次第に「ミックスレイス・スタディーズ」と呼ばれる研究分野が登場し、現在では世界各地で多くの研究成果が蓄積されています。

ミックスレイスの人に対して投げかけられる言葉で「What are you?」という表現があります。直訳すると「あなたは何者？」。ようするに「おまえは何人《なにじん》なんだ？」という人種的・民族的背景を問いただすような言葉です。

中学校の英語で、出身を聞くときには、「Where are you from?（あなたはどこから来たの？）」と習ったと思います。それに対して、「What are you?（あなたは何者？）」という表現は、すごく物理的な言い方で、言われる人を傷つけるような表現です。あるいは、「Where are you from?」と聞かれてたとえば、「カリフォルニア」と出身地を答えると、「Where are you really from?（本当は、どこから来たの？）」と、重ねて質問され、出身地じゃなくて人種的・

民族的な背景を聞かれる場合もあります。

――日本以外でもそういうことがあるんだね。意外。

日本の「ハーフ」や「ミックス」などの問題について、「日本は島国だから、外国人との接触が少ないから、仕方ない」と考える人もいますが、じつは多人種と言われる国でも同じようなことが起こっているのです。そもそも「島国」といっても、日本にはすでに多くの海外ルーツの人々がくらしていますよね。たとえば、地理的には同じ条件である島国イギリスでも、多様な背景の人々がくらしており、ミックスレイス研究もとても盛んです。

社会における「人種」の意味づけや、人々が置かれる歴史的・社会的背景は国によって差異があり、単純な比較はできませんが、ほかの国々でのミックスレイスの人たちの経験も、周囲から「何人《なにじん》?」と聞かれたり、「その国の言語でしゃべって」と言われるとか、お父さんが「白人」なのに子どもの肌が黒いと養子だと思われたり、自分の片方のルーツだけでとらえられて、もう一つのルーツのことは無視されるなど、日本の「ハーフ」や「ミックス」の経験と共通する部分もあります。

背景には、「人間はだれでもたった一つの人種に属している、もしくは属すべきだ」という思い込みがあることが関係していると思います。これは、「単一人種観」というもので、英語では「mono raciality（モノ・レイシャリティ）」と呼ばれています。こういう思い込みが世界中に広がっています。「あなたは白人」「だれだれさんは黒人」など、ひとりの人間が一つの人種に属している、もしくは属すべきだという考え方が、多人種と言われる国であっても根強いのです。

そのため、ミックスレイスの人たちを、一つの「人種」のカテゴリーの中に振り分けていく力が強く働いています。「多人種」あるいは「移民の国」と呼ばれるような国だからといって、「ミックス」の人たちの経験が十分に社会的に認知されているかというと、じつはそうではないのです。

大切なことは、まず第一に、一人一人の言葉に耳を傾けること、アイデンティティは複数ありうるということ、そして、無理に相手を社会の枠組《わくぐ》みに当てはめるのではなく、それらを問い直していく視点に立つことです。

これらを大前提に、つぎに社会の中でなにが起こっているかお話ししていきます。「はじめに」でもふれましたが、いじめや差別の問題があります。

2 「ハーフ」の日常ってどんな感じ?

――「ハーフ」の人が差別されてるの?

「ハーフ」というとテレビやSNSなどの影響から、なんとなく「カッコいい」というイメージを持っている人も多くて、「ハーフ」に対する差別があると思っていないという人もいます。でも、インタビューで話を聞くと、日常生活でのさまざまな現実が語られます。

たとえば、学校の帰りや買い物に出かけるときなど道端《みちばた》で3秒か4秒くらい、文字通りじろじろと見られて、目が合ってもそのままずーっと見られる、という人もいます。「この人は一体何者なんだろう?」みたいな、見定めるようなまなざしで見られるといいます。

——外に出たら、知らない人からそんなふうに見られるなんてイヤだよね。

そのとおりです。こうしたイヤな気持ちになることを日常的に繰り返し経験している人がいます。これから、体験した人の話(名前はすべて仮名です)も紹介しながらお話しします。まずはだれかと初めて会う、初対面の場についてです。お父さんがアフリカ系アメリカ人の浅井かよさんの話を紹介します。かよさんは、レストランでアルバイトをしていたときに、つぎのような経験をしたと話してくれました。

かよ お客さんとかにも言われるから、ほんとにたまに。この間もデリカシーのない人が来て、「こちらのテーブルを担当します、かよです」って言った瞬間《しゅんかん》に、「何人《なにじん》?」って言われて、「えー」ってなって。名前言ったあと、よろしくとかもなしに、いきなり「何人?」って言われて、「えー」ってなって。でも、何人って聞かれたら日本人だなと思って、「え、日本人ですよ」って言って(笑)。こう、なんか強気になっちゃって。

かよさんと同じように、顔や外見を見て、「何人《なにじん》?」「どこから来たの?」「何語しゃべれるの?」「日本語上手ですね」「日本に来て何年?」などと見ず知らずの人から聞かれたという経験を何人もの人が語っていました。いきなり英語で話しかけられたという経験も何度も聞きました。

学校では入学式や新学期など、初対面の出会いがとくに多い時期があります。だから、そういう時期が苦手だったという人もいます。仕事の場合、販売や営業、飲食店などサービス業関係なら初対面の出会いの場面が業務上つねにあります。飛び込み営業などで1日に何人も初めての人に会ったり、アパレルショップなどで多くの人に接客する中で、ルーツや外見にまつわる質問を受けることもあります。

初対面では、日本生まれ、日本育ちであっても、「日本語上手ですね」もよく言われます。外見だけで相手の言語能力を断定することは超能力者でもない限り本来は不可能なことですが、外見と言語能力を結びつけて判断する行為は日常《にちじょう》茶飯事《さはんじ》に起きてしまっています。「褒《ほ》め言葉として言っている(だから素直に喜びなさい)」という人もいますが、日本語を主要な言語として毎日話している人にとってはぜんぜん褒め言葉になっていないばかりか、外見に対する思い込みと偏見にもとづく言葉になってしまっています。

――日本語ネイティブなのに、「上手ですね」と言われたら、イラッとするよね。

そうですよね。お父さんがガーナ出身のネルソン・ルイス亭《りょう》さんは、チェーン店の回転寿司屋さんで仕事を始めると、1日に1組は絶対にお客さんから「きみ、どこから来たの?」とか「きみ日本語上手だね」と言われると話してくれました。「1日1回」と聞くと「それぐらいなら大丈夫かな……」と思うかもしれませんが、1週間に5日働いたとして5回、1カ月で20回、1年で240回、10年で2400回にもなります。もし1日に何回も言われたら、さらに回数が増えていきます。

電設業で働いているアメリカと日本にルーツがある長田隆史さんの話も紹介します。隆史さんは、仕事中に「外国人?」と聞かれることがしょっちゅうあるといいます。

隆史　毎回、毎回。エアコン取りつけだとか電気工事だとか、すべてお客さんのところ(での作業)だから、もう、やっぱりびっくりするよ。「○○電気でーす」って入ってくんだけど。で、「ハーフ?」って聞いてくれる人はまだいい。「どこの人?」とかもある(……)そこで、「ハーフだ」って話すとね、「どーりで日本語がうまいと思ったわ」。(……)そうかと思ったら絶対にね、なにかあったんだろうね。(別の顧客《こきゃく》で)外国人嫌《ぎら》いな人っているからね。「なんであんなのが来た⁉」ってクレームになるときもあるんだよ。（……）「日本人です」って言っても、もうダメだからね。

――顔見ただけで、クレームつけられるの？

はい、隆史さんはそのような経験があったといいます。「人間はだれでもたった一つの人種に属している」という単一人種観によって外国人とみなされたことと、外国人を嫌う意識が組み合わさったひどい行為です。仕事そのものが行えなくなるような人種的差別です。

仕事以外でも、客として食事や買い物をするときにレストランやお店などでも同じようなことを言われる毎日……。言っている人は悪気はないのかもしれませんが、こういった「なにげない声かけ」も人生の中で積もり積もると精神的な負担になっていく場合があります。このことについては、第4章でもお話しします。

だれもが行《ゆ》き交《か》う公共の空間は初対面の出会いを経験する回数が多い場です。たとえば市役所に行って住民票をとるだけでもたくさんの人に会いますし、そのたびに同じようなことを言われたりします。病院とかレストラン、電車に乗っていても外見から日本語がわからないと思われて、「あそこの外国人さぁ……」などと目の前で自分の話をされたりし

気晴らしに散歩しようと外に出ただけで見ず知らずの人からイヤなことを言われる

ます。

公共空間は初対面の機会がとても多いので、あんまり外に出たくない、お店にもあんまり行きたくない、新しい人と会うところには行きたくない、と、人との交流を極力避《さ》ける人もいます。まさに普通の生活ができない状態です。気晴らしに散歩をしようと外に出ただけで見ず知らずの人からイヤなことを言われる……、そんな日常を想像してみてください。

でも、どんなに避けていても、初対面は人生の中でつねにあります。私のお母さんはもう70歳ですが、いまだに初対面の人に、「日本に来て何年ですか?」と聞かれたりします。こういった経験はずっと、介護《かいご》の場面までつづきます。だからこそ、こういった社会にある思い込みや偏見を問い直して改善していく必要があると感じています。

――どうしてみんな同じことを聞くのかな?

テレビや広告などのマスメディアや政治の世界、日常会話など、社会のあらゆるところで、さまざまな「思い込み」が浸透しているからです。そのため、この社会で生きる一人一人は、日常生活の中で知らず知らずのうちにその「思い込み」を身につけてしまうのです。先ほどもお話ししましたが、その中の一つに、単一人種観もあります。「日本人」という言葉に一つの人種概念だけが結びつけられているという思い込みですね。

「一人の人間が属するのは単一の人種」という思い込みが浸透している社会では、それにうまく当てはまらないときに、「あなたは何者なの?」という質問が出てきてしまいます。それで、「何人《なにじん》?」と聞いたり、「日本語上手だね」と言ってしまうのです。

こういった質問や発言は、聞くほうは「なにげなく」「悪気なく」聞いていても、「あなたは何人?」「日本人より日本人らしい」などという言葉の背後には、「あなたは日本人じゃないけれど……」という意識がひそんでいます。「日本人ではない」というのは相手を「日本人」の枠組みから排除《はいじょ》する発想です。

こういう背後にある意識は、それを言われた相手には十分すぎるほど伝わります。それが何度も繰り返されると精神的に大きな負担になります。

——無意識でも、「あなたは日本人ではない」という発想も伝わるから、言われたほうがイヤな気持ちになるんだね。

そうです。こういう姿勢は、相手のアイデンティティを否定することにもつながります。

鈴木ハンナさんの話を紹介します。

などの「あなたは日本人ではない」という前提の言葉をかけられて

↓

「日本人」の枠組みから出されてしまう

ハンナ　言われていちばんイヤなことが、どうしても一個だけあって。けっこうあたしって日本人からすると、わー!ってなる（明るい性格の）人なんですよ。アメリカ人からすると、すごく「日本人だ」って言われるのね。両方からそうやって言われるのすごくイヤで、「だってしょうがないじゃん」って、「あたし両方入ってるんだから。日本人にもなれないし、アメリカ人にもなれないから。そうやって言われちゃうと、なんかもう「はぁー!?」とかって、なっちゃって（笑）。

そう、だから「ねぇー、きみの

そういうところはすごく日本人だね」と言われちゃうと、「そ、そうですか……」みたいな。あなたにとっては「日本人」かもしれないけど。（……）すごいなんかね、バランスが悪くなるんだよね、そう言われると。もともとどっちつかずだしあたし。（……）「あたしはあたしだし」って、やっぱ思うのに、そういう言い方されちゃうと、すごくね、なんかね、なんかイラッとする。（……）「あたしハーフだし」みたいな。「どうしろっていうの？」っていう（笑）。

ハンナさんはとても明るい性格の方ですが、どうしてもイヤなことが一個だけある、という話の中で、自分の性格や行動一つ一つを事細かく「外国人」か「日本人」か、そのどちらか一方に分けられる状況について話してくれました。

また、初対面の場では、「何人《なにじん》？」「日本語上手ですね」「日本に来て何年？」などにつづいて、個人情報をさらに聞かれる場合もあります。先ほど紹介した、レストランで働くかよさんも、突然「何人《なにじん》？」と聞いてきた客から、その後さらにプライバシーにかかわる情報を根掘《ねほ》り葉掘《はほ》り聞かれたといいます。

かよ　（「何人《なにじん》？」と聞いてきた客に対して「日本人ですよ」と答えたあとに）「え、ハーフじゃないの?」って言われて、「お父さん、アメリカ人です」って答えて。なんかそっから、料理とか、飲み物を持っていくたびに「お父さんとお母さん、どこで出会ったの?」とか、「お父さん何してるの?」とか、「家では英語なの?」とか言われるから、もうこの人わかんないんだろうなと思って。「いや、離婚してるんでわかんないです」って。

見ず知らずの他人が、お父さんとお母さんの馴《な》れ初《そ》めとか、家でのこととか、お父さんの職業とかを初対面で聞いています。アルバイトしていて見ず知らずのお客さんにこんなことをいきなり聞かれるとしたらどうでしょう?

――イヤだ。

そうですよね。これは人権やプライバシーの侵害《しんがい》にあたる行為です。初対面の人間関係で同意もなしにずかずかと聞いていい話では決してありません。それに、そもそも両親の馴れ初めなんて聞いたことない、という人もいますし、離婚していたり家族の状況が複雑だったり、より一層言いづらい場合もあります。

私のお母さんのように、そもそも両親が結婚していない場合もあります。高校時代、先《せん》輩《ぱい》にそのことを話すと、「じゃあ、お母さん、遊んだ関係で生まれたんだね」って言われたことがありました。

――ひどい。

そのときはすごくショックで、頭が真っ白になり、なにも言えませんでした。

このほか、「自分の国籍はどっちなの?」とか、「なんで帰化《きか》しないの?」とか非常に重大な、個人のプライバシーに深くかかわることを聞かれてしまうこともあります。目の前にいる相手は、博物館にある〝珍しいもの〟ではなく、一人の生身の人間なのです。興味があるからといって、いきなりなんでも聞いて良いわけではありません。

また、同じように複数のルーツがある人でも、朝鮮半島や中国(中華人民共和国)や台湾(中華民国)などにルーツがある人の中で、外見からは海外のルーツが周囲に想像されない場合があります。名前が、ほかの国を思わせるようなものではなかったり、親の出身国がまわりの人に知られていない場合など、自分から言わなければ海外のルーツを認識されることがほとんどない人もいます。

この場合、初対面の人との出会いの空間では外見によって外国のルーツは相手から想定されていないので、逆に「ハーフ」とか「海外ルーツがある」とカミングアウトすることに困難が生じる場合があります。カミングアウトとは、性的にどんな人を好きになるかという性的指向《しこう》や、自分がどういう性だと思っているかという性自認《じにん》について、ほかの人にそのことを伝えることの意味で使われることが多い言葉です。性的なことだけでなく、自分についての大事なことで、たとえば出自《しゅつじ》にまつわることや、自分のルーツ、病状などについて相手に打ち明けることです。

インタビューをした人の中には、友だちに「ハーフ」だと言っても、「ウソだ」とか「そんなわけないだろ」とか言われて、信じてもらえなくてびっくりした、という人もいました。ここにも、海外とのつながりと外見とを密接に結びつけようとする思い込みがあることがわかります。

お母さんが韓国出身の長谷川大輔《だいすけ》さんは、つぎのように話しています。

大輔　場所によって、韓国のハーフだというのがマイナスになるんじゃないかって思うときはありますね。（……）そういうときはあんまり言わないです。プライベートではぜんぜん言いますけど、たとえば会社の就職のときとか「ハーフですか？」って言われたら答えにくいですよね。

母親が台湾出身で、姓・名ともに日本風の名前で、普段ルーツのことは「ぜんぜん聞かれない」という竹内浩介さんもつぎのように言っています。

浩介　仲良くならなかったら、いちいち「ハーフです」って言わない。日本の人に「自分はハーフです」みたいな顔をして、それが差別とかね、バカにされる原因になったりすることもあるから、むやみには言わない。

浩介さんは「英語の発音に中国のなまりがある」、大輔さんは「おい、キムチ」と差別的なことを言われた経験があります。それに、在日コリアンや中国出身者に対する街頭での人種差別的なヘイトスピーチが今でも行われている状況です。韓国や中国、台湾のルーツを明かすことで差別にあうのではないかと心配して、カミングアウトにためらいや困難を感じるという経験が語られていました。差別がなくなれば、もっと自分の出自について自由に話せるのに、ということです。

一人一人の個人的な立場が過度に国家と関連づけられてしまうことも

――自分のルーツを話すと差別を受けるかもしれないというのは、怖い。

そうですよね。また、自分のルーツを知らないまわりの人がなにかの拍子《ひょうし》に差別的なことを言うのを聞いてしまう場合もあります。自分のアイデンティティを否定されて大変つらい思いをさせられます。

さらに一人一人の個人的な立場が過度に国家と関連づけられてしまうこともあります。お母さんが中国出身の水上けいさんは、日本と中国と台湾が領有《りょうゆう》権を主張している尖閣《せんかく》諸島が外交問題として話題になったときに、よく尖閣諸島問題について聞かれたといいます。

けい　私は、じつは中国生まれで、そういうルーツがあることを知った人がいると、最近よく聞かれるのが「結局、尖閣諸島の問題はどう思うの?」とか。(……)私が中国の代表みたいな、中国人はみんなどう思ってるのかって、いやそんなのわかんないし。しかも私は日本で長く生活してるし。

政治的に緊張関係にあることについて、国家ではなく、個人が自らの立場を表明しなければならないという状況に立たされることは、「あなたは国民か非国民か」というようなことを、その場にいる人たちの前でどちらか選択しなければならないというようなことです。踏《ふ》み絵《え》を踏まされるような経験です。

——そんな重いこと聞かないでほしい。

そうですね。こうやって日本以外の国とのつながりから自分の立場の選択を求められることは、ほかのルーツにも言えます。政治などの話だけでなく、サッカー・ワールドカップやオリンピックがあるときなど、日本と別のルーツの国と「どっちを応援するの？」としつこく聞かれたりすることもよくあります。これも「日本」を選ぶのかどうかを迫られることで、気楽にスポーツ観戦もできなくなります。外交問題や国家間関係からスポーツまで、さまざまなことで、あたかもルーツのある国の代表者であるかのように見られたり、どちらか一方を選択するように執拗《しつよう》に迫られています。

つぎに、少し視点を変えて、学校で経験することをお話しします。

小学校のときに言われることで、本当に多いのは「ガイジン」という言葉です。「ガイジン出ていけ」とか、「菌がうつる」とか。

――ガチ差別だし、いじめじゃん。

はい。学校での差別は深刻です。2019年にも「『日本に戻らなければよかった』女の子の記録」（NHK公式ページ「外国人〝依存〟ニッポン」）という記事が公開されました。以下に記事の内容を紹介しますが、具体的ないじめの内容も含まれますので、その部分を読みたくない人はつぎのページに進んでください。

この記事によると、お父さんがカナダ人の高橋美桜子さんは、両親の離婚後4歳から日本で育ちました。小学校では「ガイジン」「カナダに帰れ」と言われ、中学校でひどいいじめにあいます。みんなから無視されたり、机を教室の外に出されたり、靴《くつ》に画びょうを入れられたり、「毛が濃いんだよ」「汗がくさい」などと言われたといいます。

中学2年で転校しますが、その後もいじめによるPTSD（心的外傷後ストレス障害）に苦しみ、そして高校2年生のとき、「みんな愛してるよ。でも、くるしいよ」という言葉を残して美桜子さんは自殺します。

――そんな……。

美桜子さんの場合のようないじめが起きていることは事実です。

また、ほかにもさまざまなことがあります。入学したときや転校してきたとき、珍しがられて人だかりができることもあります。教室の外にびっしり人が集まって見世物《みせもの》みたいになって、先生にカーテンを閉めてもらうようにお願いした、という人もいました。「ハロー、ハロー」と言われたり、ルーツの国の言語にかかわらず「英語しゃべって」と言われる人も多いです。「自分はフランス語なんだけど」とか「自分はペルシャ語なんだけど」という人も、みんな「英語しゃべれるの？」と聞かれています。外見から「外国につながりがある＝英語が話せる」と思われる場合が多いのです。これも社会に浸透する思い込みの一つです。

また、カタカナの名前や、漢字圏のほかの国で使用されるような名前の場合、それに関していじられたりすることもあります。逆に日本でよく使用されるような名前の子が、外国風のカタカナのニックネームをつけられて、からかわれるということもあります。

――日本風の名前じゃなくても、日本風の名前でも、どっちにしてもいじられるんだ。

もちろん、みんながみんなではありませんが、名前をからかわれたという経験はよく聞きます。また、子どもだけでなく、先生も含めて、学校全体で海外にもルーツのある子どもに関する理解が不足していて、子どもたちが苦しんでいる面もあります。

学校で英語の授業が始まると、先生にすごくあてられるとか、先生の代わりに発音させられるということもあります。「英語はできるけど、何度も私だけやらされるのはイヤだった」と言っていた人もいます。それはそうです。教えるのは先生の仕事です。でも、どういう心理なのか、そういうことをやってしまう先生もけっこういるようです。

また、時事的なことや歴史問題などについて、先生がそのルーツがある子どもに意見を聞く、ということもあります。歴史的問題について、あたかもその国の代表者であるかのように、一人の子どもに迫るのはおかしいことです。微妙《びみょう》な問題について、立場を表明することを迫られるのは二重にキツイことです。

――ほかの子にはそういうこと聞かないのにね。その国にルーツがあるというだけで、聞いちゃうんだ。

海外にルーツがあるというだけで、そうやっていきなり子どもにその国家の代表としての立場を負わせるようなことを、教育の現場で行うことのおかしさに大人が気づく必要があります。

また、「その子のルーツをクラスのみんなに紹介しよう」といった取り組みも、一度立ち止まって考えてみる必要があります。そういう機会に自分のルーツをほかの人に知ってもらうことで理解が深まる場合もある一方、たとえば親が離婚していたりして文化も言語も受け継いでない場合もあったりします。学校で自分の海外ルーツをなるべく出さないように過ごしている人にとっては苦痛な時間となることもあります。一人一人にはいろいろな事情があるのです。

でも、先生や支援者的な立場の人でも、「『ハーフ』だったら二つの文化を持ってる。二つの言語を話せる」と思い込んでいる場合があります。そういった授業をやろうと思ったときになによりも大事なことは、やりたいか、やりたくないか、まず本人の意思を確認することです。教育者や支援者の熱意と正義感が強いがゆえに、かえって本人の意思をないがしろにしてしまうこともあるのです。

もっと根本的に日本の学校文化の問題もあります。

同調圧力の強い学校文化も子どもたちの環境を厳しくしている

日本の学校は、まわりに合わせないといけない、まわりと同じであることがいいとされるようなことが多いのも、子どもたちの環境を厳しいものにしています。ランドセルや、ピアニカや習字セットなど、みんな指定された同じものを使うことが多く、ほかの地方から引っ越してきたときにリコーダーの色が一人だけ違って目立って、それについていろいろ周囲からいじられるということもあります。持ち物から、行動や身なり一つ一つまで、すべて同じにしていくことが大切だという同調圧力が強いため、そういった些細《ささい》な違いが、あたかも大事《おおごと》であるかのようになってしまうのです。

――それ、すごくわかる。

「同じである」ことが求められるプレッシャーが強いので、周囲となにかしらの違いがある子は注目を集めてしまいます。そのため、どうにかしてまわりにとけ込もう、「日本人らしく」しよう、目立たないようにしようと生活している子が多いのが現状です。

母親がバングラデシュ出身の山本りなさんは、小学校の授業参観のときにお母さんがサリー（南アジアの女性の民族衣装）を着て来たのですが、これ以上目立ちたくないという思いで「もう来ないで」と思ってしまったと話してくれました。りなさんの場合、小学校時代は、「普通の日本人のようにならなければならない」という意識がすごく強くて、親がベンガル語（バングラデシュで話される言葉）を教えようとしたのもぜんぶ拒否してしまったそうです。

「みんな同じであるべきだ」という環境ではなく、「みんな違っていて、一人一人の個性や人権が尊重されるべきだ」という環境になれば、違った経験をしていたかもしれません。

――人権？

はい。子どもが自分のルーツを否定しなければならなかったり、「ガイジン、国帰れ！」と言われ差別を受けるような場合、その子の人権が守られているとは言えません。いじめや差別は、いうまでもなく深刻な人権侵害です。この本で伝えたいことは、一人一人の人権を尊重してほしいということです。「ハーフ」や「ミックス」と呼ばれる人々に対して、なにか特別視や特別扱いをしてほしいと言いたいわけではなく、世界人権宣言にもあるとおり、どんな人であっても、生まれながらにして自由であり、尊厳と権利とについて平等であるということが、社会の中でしっかりと守られてほしいということです。

社会の中で、ある一定の人々だけの人権が尊重されていて、ある一定の人々はそうではない状況があるとすればその状況を改善すべきで、その努力の一つ一つの積み重ねは、「ハーフ」や「ミックス」の人々の状況も改善していくことにつながるということです。

日本の学校空間は、身体や身なりにもものすごく敏感です。たとえば髪については、生まれ持った髪がどんな色あいでも、黒髪に統一しなければならないという意味不明で非論理的な校則が存在している学校もけっこうあります。その校則の発想で言うと、自分の髪色が黒ではないだけで「悪いモノ」「違反」であるというまなざしが向けられるということです。黒色に染めなければならなかったり、明るい色に染めていないことを証明する「地毛証明《じげ》」を出さなければならないということは、その人の存在の一部を否定することで、人権を侵害する行為です。

これは、まわりと同じであるという状態を校則というシステムで強制しようとするものの一例ですが、「みんな同じであることが大事。だからルールを守ることが大事」ということが、一人一人が生まれながらに持つ基本的人権を侵害してもいい理由になるのでしょうか？　私はそうは思いません。

こういう人権侵害を受けるのは、「ハーフ」や海外ルーツの子どもたちだけではありません。生まれつき髪の毛の色が明るいので毎月髪を黒染めしなければいけなかったという人もいます。また、生まれつき色素が薄いため髪の毛の色が白髪《はくはつ》や金髪に近い「アルビノ

（白皮症《はくひしょう》）」と呼ばれる人もいます。

――もともと髪がカールしてる子が、校則でストレートにしないといけないといわれたりもするよね。

はい。海外にルーツがあるかどうかにかかわらず、その人の生まれながらの身体を尊重することがその人の人権を尊重することです。また、自分の髪色や髪型をどうするのかなど、自分の身体に対する自己決定権も尊重されるべきです。たとえ校則であったとしても、人権を侵害する行為はあってはなりません。

そんな中で小学校の高学年くらいから、思春期で精神的にも成長・変化し、第二次性《せい》徴《ちょう》と呼ばれる身体的な変化なども起きてきます。身体的な差異に敏感な学校の中では、そのことでなにか言ったり、からかったりしてくる人もいます。こういう経験が受験の時期と重なっていて、思春期は海外のルーツがなくてもいろいろ悩む時期なのに、それに加えて悩み事が増えたり、その時期に受けた差別やいじめによって受験に集中できないということもあります。

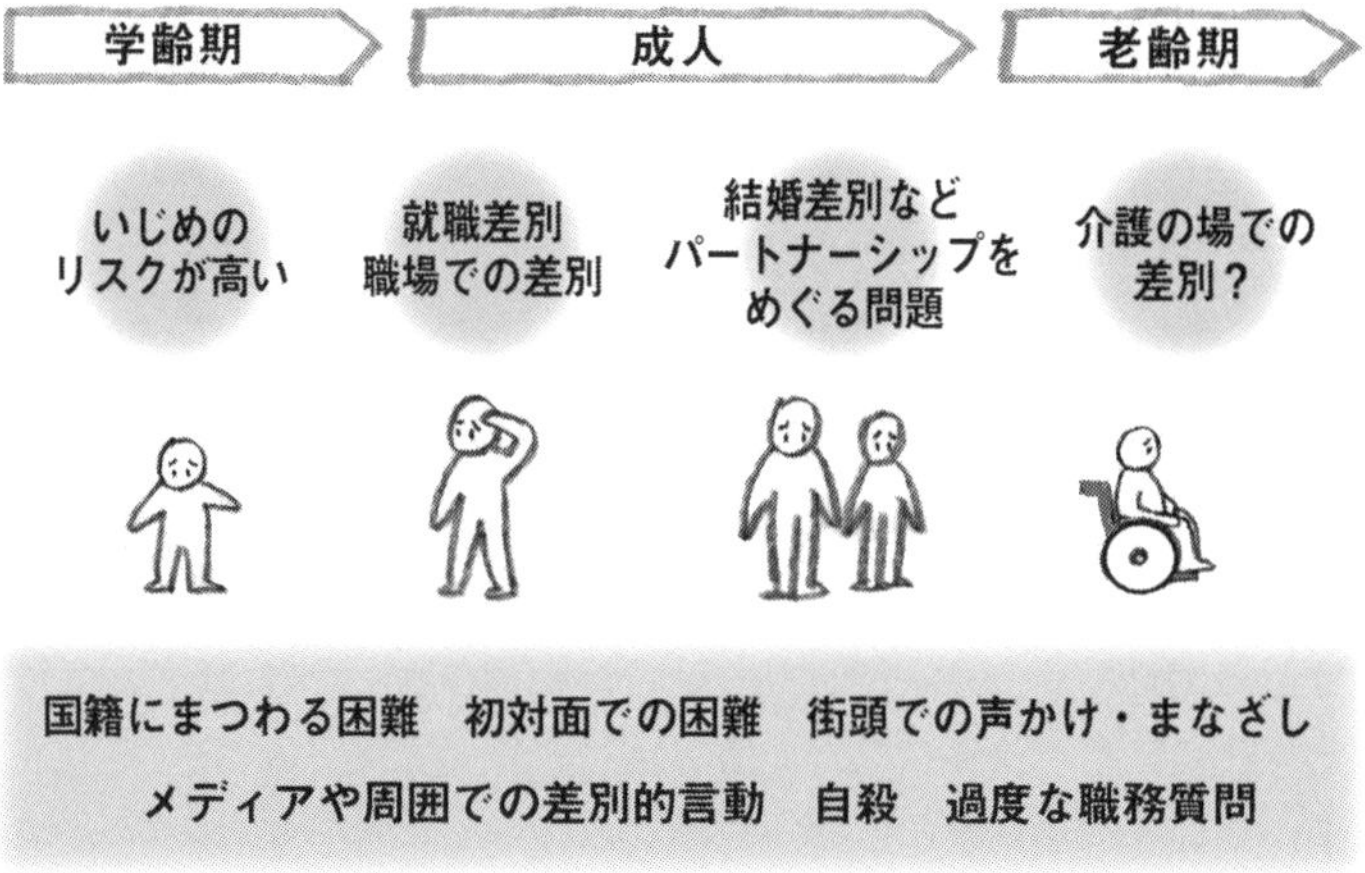

——それフェアじゃない。

はい。そのとおりだと思います。

この本ではインタビューとしてさまざまな人の経験を載《の》せていますが、そこにも小学校や中学校、思春期以降のさまざまないじめや差別の現実が語られています。差別が学校という教育の場で起こっているという現実をまず直視して、その状況を改善していく具体的な取り組みが必要です。

また、インタビューでは学齢《がくれい》期以降も、就職差別や職場での差別、結婚差別などといったライフステージごとの問題が語られていました（調査で介護については聞けていませんが、今後、可能性が考えられます）。このような社会の構造の問題については、第4章で詳しくお話しします。さらに、ライフステージにかかわらず、初対面での困難や、メディア・周囲から差別的言動を聞くことなどが経験されています。

テレビや雑誌などのメディアで「ハーフ」と一言で説明されることがありますが、社会でくらす一人一人の日常やその経験は非常に多様で複雑です。つぎの章では、その人が置かれた立場やその経験一つ一つを理解していく上で鍵《かぎ》になる「インターセクショナリティ」という考え方を紹介していきます。

川辺ナオミさん

ナオミさんは大学生のころ、学校教育とアイデンティティとの関係性についてミックスルーツをテーマに卒論を書き、そのときの縁で今回お話を聞きました。

——お生まれはどちらですか?

生まれは栃木県です。小中学校はぜんぶ学区内の学校でした。

中学校も地元の公立校で、3年生のとき、私1組で、廊下《ろうか》のいちばん端《はし》っこの教室だったんですよ。そこに行くまでほかのクラスの前を通らなきゃいけなくて。でも、そのクラスを通るとき、学年の問題児たちが、ドアの付近に立ってたりすると、絶対っていう確率でアフリカ人とか海外の黒人の陸上選手、そのときに流行《はや》ってるような黒人タレントとかの名前を私が通るときにずーっと言ってくるっていうのがあって。言われることがイヤっていうよりも、それをまわりに聞かれるのがすごくイヤで、私の場合は。いつ言われるかがわからない分、極力クラスから出ないようにしようっていうのはあったりしました。

私の場合、高校生のときがいちばん、学校でいろいろ言われる経験のオンパレードみたいな感じだったので。すごい覚えてるんですけど、私がちょうど高校1年生ぐらいのころに、iPhone5が発売されたんですよ。そのころってまだ色が2種類しかなくて、白と黒しかなくて。私は個人的に黒のほうがいいなと思って黒に替えたんですよ。そしたら、部室で今でも覚えてるんですけど、同じ学年の同級生たちと携帯替えたみたいな感じで見せてたら、すごい笑われたんですよ。なんで笑ってるのかなって思ったら、その中の一人が、「え、だって肌の色が黒いからiPhone黒にしたんでしょ?」って言われて。それがすごい、衝撃《しょうげき》的で。なんでそこが結びつくんだろうって思って。すごい謎で。なんでそれを言えるんだろうって、なんでなんだろう、この人たちは？って。

そういうのがあって。それをお母さんに言ったら、すごい怒りになっちゃって。学校に言いに行こうかってなって。私は「なんでなんだろう？」って気持ちだったんですけど、お母さんの反応を見てから、その人たちはなんかヘンだったのかなって思うようになって。ほかに肌の色に関してそういうのがあるたびに、その過去を思い出しちゃったりしますね。

部活動の顧問《こもん》の先生には、「あいつには、力を入れてる」みたいなことをみんなの前で言われたりだとか。何回も言われたのが、「ポテンシャルがあるから、それを伸《の》ばしたい」みたいなことは言ってくれてたんですけど、どうしてもアフリカルーツがあるから、私を有名にさせたい、みたいな。そういうのが先生の中であったのかなっていうのはすごく感じて、みんなの前でも「あいつは違うものがある」みたいなことを言われちゃって。

そういうのもあって、生きづらい、生活しづらい環境だったかなと……。最後の一手《いって》を先生が打ってくるっていう感じですよね。そういうのでもう、逃げ場がないじゃないですか。

どうしても努力でがんばってるはずなのに、そこを見てくれてた人っていうのがスポーツに関してはほとんどいなくって。そこは本当に、がんばる意味ってなんだろう、みたいなのは思ったりはしてましたね。そういうのも原因で体も壊《こわ》れましたし、心も壊れました。本当に、そのときの記憶がないんですよ、今。覚えてないことが多くて。相当自分にとってストレスな期間だったのかなって、今思いますね。

あとは、お店の人とか、明らかに私を日本人と思ってないから、最初からタメ口だよね、っていうのもあったりするので。もっと公的な場面……、たとえば郵便局とか、役所とかでそういうタメ口の対応っていうのもあって、すごく不愉快《ふゆかい》になりますね。

なんか、「いじめられたことないの？」とか言われたこともあって、なんで？ってなるじゃないですか。それこそ、ミックスのルーツじゃなくても、いじめの経験してる人だってたくさんいるし、もしそういう経験があったとしても、そんな聞き方されて、「あるよ」って答える人いないと思うんですよ。そんな、「今日の天気は晴れだね」みたいなテンションで話す話題ではないし。それこそ親のルーツを聞いてくるっていうことも、違う話題に転換して考えたら、すごく不自然な会話の運び方だなって気づけるはずなのに、それがどうしても海外にルーツがある人に対しては、そのハードルがなくいろいろ聞いてくるっていうのがおかしいなって思いますね。

　だから、そういうこと聞かれたら、私も同じこと相手に聞き返そうかなって思ったりします。ミックスの人以外だったら、そんな質問いきなりはしないですよね、って相手もわかると思うんです。海外の人にも聞かれたりするので、日本特有ではないんだなっては思うんですけど。日本だとその割合が格段に高くなるのは実感しています。

——最後に、伝えたいこととかありますか？

私は、教育現場にたずさわる人に、多様な人がいるんだっていうことを、人種的にも、セクシュアリティ的にも、宗教とか、本当に多様な人がいるんだよっていうことを知ってもらいたいっていうのは思ってて。一人一人がみんな特別で素敵《すてき》な存在であるはずなので。たしかに私たちは人種的には違うかもしれないけど、私たちだけが特別なわけではないから、特別に扱ってほしいわけではなくて、普通に、というか、一人の人としてちゃんと扱ってほしいっていうか。

　特別なものとして見るのは、もう終わりにしてほしいなっていうのはすごく思います。本来、いろんな職種に就《つ》けるはずなのにどうしてもスポーツだったり、音楽だったり、そっちのクリエイティブなほうには就けるけど……。銀行員だったりとか教師だったりとか法律関係だったりとか、社会を動かしてるような職業にも就けるはずなので。一人の人間として、あなたと同じように日本で生まれて育ってるんですよって。まぁそうじゃない人もいるんですけど。そこを見てほしいなっていうのは思います。

加藤圭介さん

現在、スウェーデンの会社で働く圭介さん。自分自身のバックグラウンドやアイデンティティとの向き合い方、会社での経験などについてお話を聞きました。

——生い立ちについて教えていただけますか?

父親は広東系カナダ人の三世ですね。僕は兵庫県で生まれて、ずっとそこに住んでて。当時、母親が英会話学校をやっていて、父親と一緒に経営していました。

僕の場合は見た目が東洋人なので、とくにそこまで自分がどうであるか意識することもなく育ったんですね。ただし、やっぱり家に帰れば父親が英語で話していて、当然カナダの家族、おばあちゃんから毎年誕生日とクリスマスにプレゼントが届くし、そういう意味ではすごく自分の中ではカナダを意識していたところはあって。英語で「サム」っていう名前もあったし。小学校のときは見た目が一緒だったこともあってか、とやかく言う人はいなかったですね、たしか。

でも中学になると英語の時間に公然の事実になってしまった、っていうのはあります。それがイヤだから英語の時間はわざとカタカナ発音で英語を読んでみたりとかしたし。英語の時間がすごくイヤでしたね。先生からもわざとあてられたり、難しい問題を答えさせられたり、「だれもわからないみたいだけど、加藤くんならわかるよね!」みたいに言われて。当然、中学生だし英語が母語なわけでもないので、わからないこともあるじゃないですか。それで問題がわからないと、先生も「え、加藤くんもわかんないか」って、すごい大恥《おおはじ》をかかされるというか。しかもみんなの前で。英語の時間は大っ嫌いでしたね。文法はぜんぜん身につかなくて……。

あんまり覚えてないんですけど、いろいろ言われたこともあります。いちばんよく覚えてるのは、男の子なんで、「外国人なんだろ、外国人だったらおまえチンコでかいんだろ」みたいに言われたりだとか。どういう根拠があって言ってんだろ、みたいな。子どもたちは悪気があるわけじゃないんだと思うんですけど、そこでステレオタイプのイメージがあったとしても、それを本人に言ってはいけないという教育を受けたこともないだろうし。

カナダっていうことに対して、自分にとっては普通のことなんですけど、みんなうらやましい、って、大人たちもみんな言いますからね。「へー、加藤くんって親がカナダ人のハーフなんだ、うらやましいね」みたいな、普通に親とか大人たちも言いますから。そういうのすごい、まわりはプラスの意味で言ってるんでしょうけど、自分はすごくイヤでしたね。言われるたびに、ずっと飲み込んでましたね。「うらやましい」っていう言葉は、なんか線を引かれているような感じがしたんでしょうね。一緒じゃない、あなたと私は別、っていう意識を感じ取ってたのかもしれないです。単純に当時はイヤだったのかもしれないですけど。またこの話かっていう感じで。何回も聞かれる話で、いつも同じ反応が返ってくるのでそれもイヤだったし。そのたびに、説明しなきゃいけなかったし。

高校はエンジニアになりたかったので、工業高等専門学校に通って。わりとはみ出し者ばっかりが集まる学校だったので、それが僕にとってはすっごくよかったですね。

その後大学に編入して、大学院までいくんですけど、そこがアイデンティティに関していちばん苦しかったですね。自分の中に持っている、自分の大事にしている価値観《かちかん》、それはたぶん中学のころから吸収し始めた価値観で、それをずっと伸ばしてきたんですけど、大学に入るとそれがみんなの価値観と合わないことに気づいて……。それは友だちとのつるみ方もそうだし。みんなで集まって同じことをやる一体感、っていうのがぜんぜん感じられなくて。共有できない一体感ってなんだろうって。

――会社に入ってからはどうでしたか？

一応、経営は外資系なんですけど、伝統のある日本の会社だったので、いろいろな葛藤《かっとう》は増しました。どんどん苦しくなりましたね。そこにはさらに濃い日本社会が待ってたんですよね。「察すること」を過度に求められたり。忖《そん》度《たく》して、察していく人が出世していくんですけどね……。「おまえ、外国人だな」って言われたりもして、すごくイヤでした。

会社でがんばりたかったのもあって必死についていこうとしたんですけど。がんばればがんばるほど、苦しくなっていきましたね。休憩中にトイレに籠《こも》ったりして。苦しくなって、心を落ち着けるために。

今はスウェーデンの会社に転職しました。転職活動も大変でしたし、入社した今も大変ですけど、そういう意味では心の苦しさはかなりなくなりました。価値観を無理に合わせなきゃいけない環境ではなくなったので。ただ、自分が日本で抱えてきたコンプレックスがここにきてすべて解決されたかというとそういうわけでもなくて。複雑ですよね。

紗《さや》さん

紗さんは、2020年に公開されたサッカーをする3人の女子中学生が登場するNIKEのCMについて、ご自身の経験をもとにウェブ記事を書いていらっしゃり、それをきっかけに今回お話を聞きました。

――お生まれはどちらですか？

台湾の基隆《キーロン》という街で台北《たいぺい》の隣にあるんですけど、そこで生まれました。生まれた場所は台湾ですけど、育ったのは日本です。生まれてすぐ日本に来ました。幼少期は台湾と日本を行き来していたような感じでした。父が日本で母が台湾人なんですけど、出会いは母が働いていた会社で、父が出張しに来たという感じみたいです。

私が小学校まで過ごしていた街が、大阪の南のほうの郊外にある街だったんですけど、そこはあんまり外国人がいないような街でした。身のまわりにもぜんぜんいなくて、そんな中で自分の家庭だけダブルルーツというか、ほかの友だちとは違うなという意識がなんとなくあって。母も、話すときになんとなく中国語を混ぜたりとか……。どのきっかけで気づいたかわからないんですけど、ほかの家庭とは違うなという意識があって。

小学校に入ると、友人とか家に来たり、母が学校に来たりするうちに、母の日本語の発音がけっこうからかわれるというか。クセがあるので、そのクセをすごいリピートされたりだとか。冗談《じょうだん》というか、子どもからしたら面白く聞こえるから、その発音を笑ったりだとか。そういう反応を見て、からかわれて恥ずかしいという感情が芽生えたというか……。

それで……、うまく話せないんですけど、そのときぐらいからちょっと、そういう外国人の親っていうのが恥ずかしいなっていう意識が芽生えてきて。みんなとちょっと違うし、からかわれるし、できるだけ友だちの前には出てきてほしくないなっていう気持ちも出てきて……。そういう葛藤というか……母に対してはすごく申し訳ないけど、からかわれるのがすごいストレスというか。私だけだったので、そういうルーツを持つ人が。

地元の学校という環境で視野も狭《せば》まってるし、普通の日本人に生まれたらこんなこと言われないのになっていうのはそのころずっと思っていて。これに関しては卑屈《ひくつ》になってました。自分の中でそういうのを内面化してしまって、海外のルーツがあるといじめられるのが前提なのかなって思っちゃって。今ならそんなコンプレックスに思うことじゃないってわかるんですけど、そのときはそのまま受け取っちゃってましたね。

けっこう露骨《ろこつ》に「あー、アジアか」みたいな反応も……。昔から感じてたことで、日本って日本をアジアだと思ってない人が多い気がして……。日本と、その他アジア、みたいな枠組みでとらえるのが刷り込みで入ってるのかなと……。東アジア地域について。アジア人って言うときに、自分たちもアジア人っていうのに気づいてない人が多いんじゃないのかなと。普段の会話でもそれはすごい感じますね。

カミングアウトも、けっこう仲良くなった人に、「そういえば……」みたいな感じで話しますね。伝える人は選んでましたね。「そうなんだ」って普通の反応で終わる人もいれば、そこまでひどい反応っていうのもなかったというか。言うときは緊張はしますね、神妙《しんみょう》な雰《ふん》囲気《いき》というか、「そういえば今まで言ってなかったんだけど……」って感じで。言ってもとくに前後で態度が変わるとかはないですし。ただこちらがすごく神経を張ってたっていうのはあったと思います。

中学校1年生のときに韓国の音楽グループにハマったんですよね。じつは韓国に対するイメージも私の中でそれまであまり良くなかったんですけど、それも意識の転換になったというか、自分が差別をする側の偏見や目線を持ってたのか、という。そのとき韓国の文化に興味を持つようになって初めて、自分が今まで蔑《べっ》視《し》する視点を持っていたなっていうのに気づいて、見方が変わりましたね。あこがれの気持ちとか、行ってみたいな、言葉を勉強してみたいなというきっかけになって。

K-POPアイドルの中にも台湾出身の人もいたので、自分と同じルーツの人も活躍してる、っていうのでエンパワメントされるというのがあって。同胞《どうほう》意識みたいな感じで。同じアジアという部分で、自分が今までコンプレックスを感じていた部分が補強される感じがして。それも好きになった理由の一つなのかなと思ってます。

東京の大学に進学して上京してからは、自我が成長したのと、あとは大学という教育機関なのでヘンなことを言ってくる人もあんまりいないだろう、という安心感もあって、今までみたいに隠すということはせずに、「母が台湾出身で」ってナチュラルに話せるようになりましたね。それまでの、言ったら自分がイヤな思いをすることになるんじゃないかな、という思い込みを破れて、ストレスはすごく減ったのかなと思いました。

今私と友だちで運営しているウェブ媒体《ばいたい》があるんですが、そこでアイデンティティに関することはずっと書きたいなと思っていて、NIKEのCMが話題になったときに記事を書きました。けっこうネットではリプ欄が炎上していて、「NIKEは日本を差別国家だと位置づけようとしているのか?」みたいなコメントとかもあって……。それを通してすごく考えることがあって。実際に差別を見てこなかった人もいるのかなと思って。見てこなかったから、「自分のまわりにはなかったよ」っていうポジションから声を発している人もけっこういるのかなと思って。そこで分断が生まれるというか……。差別を知っている側と、見えてない側みたいな。そこで、「差別がある／ない」で対立するよりも、体験とかを話して、こちら側の世界も見てもらうみたいな形のほうが建設的なんじゃないかなと思って。それで、自分の体験とか書いてみようと思ったのがきっかけでしたね。

私の記事がきっかけでほかの意見も出てきたりしたので、そういう対話のきっかけになれば良いなと思っています。

◆**紗さんの記事はこちらで読めます。**
「NIKEのCMはあの頃の私に必要だった」
https://skin-s.net/archives/2294

入江晃樹《こうき》アレハンドロさん

晃樹さんは、大学での私の講演を聞いてくださったとき、日本の就活や仕事における多様性についてお話をしてくださっていた縁で今回お話をうかがいました。

――**お生まれはどちらですか?**

生まれはメキシコで、12歳のときに秋田に来ました。小学校はメキシコで現地の学校に通ってたんですけど、卒業後、お母さんが秋田でおじいちゃんの面倒を見るっていうことを決意して、それ以降秋田にずっといる感じですね。

　メキシコにいたときは日本とはなかなか無縁で、読み書きがまともにできるようになったのが、中学校2年生ですね。すごく、つらい経験でしたね。正直、僕は無理やり学んだタイプだったんで。無理やりというか学ばざるを得ないという状況で。ただ秋田の中学校で嬉しかったのは、対応としては、日本語をサポートしてくれる人が隣にいたので。その人が言語サポートというか、隣についてくれて、その人にはすごいお世話になりましたね。

　親は離婚して、でもハーフで、っていう感じですね。母子家庭でもあったんですけど、お母さんもメキシコで働こうとしていて。秋田に来た後も、僕が高校3年生のときにお母さんは一人でメキシコにまた働きに行きました。僕は秋田にずっと残っていますが、お母さんは一人でメキシコで働いてますね。パワフルですね、海外で生き延びる女性っていうことで。


お母さんがいつも言うのは、「大学に行かせたかった、そのために働きに行った」っていうんですけど、でもお母さんって日本で働こうと思ってもよくできると思うんですけど、メキシコのほうが……。お母さんよく言うんですけど、「メキシコのほうが自尊心《じそんしん》を補《おぎな》えた」って。最初の会社でも課長まで昇進《しょうしん》して。お母さんの大きな自信になったんだと思うんです。お母さんの背中を見て自分もがんばりたいって強く思うんですけど、でも日本の会社で自分の良さを活かせるか不安ですね。

　日本に移り住んでからいろいろ大変なこともあったんですけど、一つ振り返って良かったことは部活動に入ったことです。サッカー部に入部したことです。中心エリアのポジションだったこともあり、自分の元気さも活きたのかなと思います。キーパーだったんですけど。サッカーが好きだからやってただけだったんですけど、まわりから「ハーフだからサッカーうまいよな」っていうのを思い込みで言ってきたり。

　高校3年生のときにアルゼンチンに留学した

んですよ。自分は高校生のころは同化していたんですよね、自分のアイデンティティは日本人、ていう。でも、アルゼンチンに行ったことで新たな発見があって、自分のハーフの良さが活きてきて。アルゼンチンに行って、南米の良さっていうのを取り戻した感じがしますね。アルゼンチンに行った1年間の単位をもって高校を卒業して、大学に秋入学で入りました。

正直、イヤなことはいっぱいありましたね。お母さんにも目立たないようにっていう気遣《きづか》いで「髪、黒く染めようか」と言われたこともありましたし、最初は目立たないようにミドルネームを消したりして過ごしてましたね。名前の話はハーフだとありますよね。こういう顔で「入江です」って言うだけで、笑われるとか。キャッチーにすぐ覚えてもらいたいときはミドルネームを教えたりとか。名前については特有ですよね、いろんな経験があります。

――そうだったんですね……。大学を卒業してからはどうでしたか、就活とか……？

就活は、ハーフとしていちばん大変でしたね……。どういう自分を出せばいいのか、今でも悩みますね。一つの会社の最終面接で、僕としては「架《か》け橋《はし》」っていう軸をずっと話してたんですよね。そしたらある役員から、「あなたは自分の国に帰りたいだけでしょ」って言われて、唖然《あぜん》としました。圧迫《あっぱく》面接であったと思いますが、少し気が引けました。その後、無言になり、まともに返答できませんでした。

圧迫面接でストレス耐性《たいせい》を試そうとしていたんだろうけど、少しでもミックスルーツを持つ人に関して敏感になってほしいですね。僕はあの圧迫面接を終えて、どう大人の対応をすればいいのか学びましたけど。思い出すだけでも、頭にきますね（笑）。

就活はやっぱりいろいろ問題ですよね。アメリカとかでは履歴書《りれきしょ》にも写真が必要ないぐらいなんで。日本で「グローバルスタンダード」って言うわりには、ぜんぜんグローバルじゃないなと。実力も採用に直結すると思うんですけど、でもやっぱりそういう社会的要因も大きいと思うんですよね。どうしても就活って年功序《ねんこうじょ》列《れつ》のシステムも関係してるので、最終面接で年齢が高い寛容《かんよう》性のない人にあたっちゃうと、やっぱり採用されるのは難しいですよね。役員が自分に照らし合わせて判断しようと思っても、ハーフで経験も違うから照らし合わせられるわけないんですよ。面接はそういう難しさはあります。

　これも差別の要素がありますけど、この前は、「メキシコ人はすぐ辞めるからね！」って言われたんですよ。そのときはキレずにがまんしたんですけど。こっちからしたら、もし辞めた人がいたなら、それはあなたたちに多様性の受け皿がなかっただけだよって言いたくなりますけど。結局、就活ではそういう年功序列のシステムがあるから、最終面接までは行けてもそのあとがっていうのはありますよね。

——読者に伝えたいメッセージってありますか？

　大人たちは、寄《よ》り添《そ》うのが大事じゃないですかね。承認《しょうにん》欲求じゃないですけど、やっぱり大変さに共感できないかもしれないけど、親としてもわからないところもあると思うんですけど、気持ちをわかろうとするだけですこしは変わるんじゃないですかね。特別な行動をなにかすべきということではないんですけど、聞く耳を持つのは大事かなと。聞き出せるぐらいの力は必要かなと思います。大変なことあった？　とか。同じ目線に立って考えてみるのが大事じゃないですかね。見た目で判断するのではなく、メディアを鵜呑みにせず、中身で人の本質をとらえることが重要だと強く感じます。

第2章

それぞれの経験が複雑ってどういうこと?

──「インターセクショナリティ」って初めて聞くけど、なんのこと？

複数の道路が交差し、車や人が行き来する「交差点」のことを英語でインターセクション（intersection）といいます。「インターセクショナリティ（交差性）」は、一人一人の社会的立場や、さまざまな社会問題や社会構造の複雑性や多様性を解きほぐして理解する言葉として使われてきました。この概念を広めるきっかけになった人物は、アメリカの弁護士で人権活動家でもあるキンバリー・クレンショーです。

クレンショーは、それまで黒人の公民権運動で女性の権利の扱いが不十分だったことと、女性運動の中で黒人の権利の扱いが不十分だったことを指摘し、「黒人であること」と「女性であること」という要素が交差する「黒人女性」の存在が見えにくくされてきた現実を、このインターセクショナリティという言葉で示しました。

人種、階級、ジェンダー（社会的・文化的につくられた性差などと説明されます）、セクシュアリティ（一人一人の性のあり方）、障害、年齢、文化的背景など、さまざまな要素は相互にかかわっているものです。それらの関係性や交差を見ていくと、人間一人一人の経験や置かれた立場は異なり、同じ一つの社会問題として考えられていることも、それがおよぼ

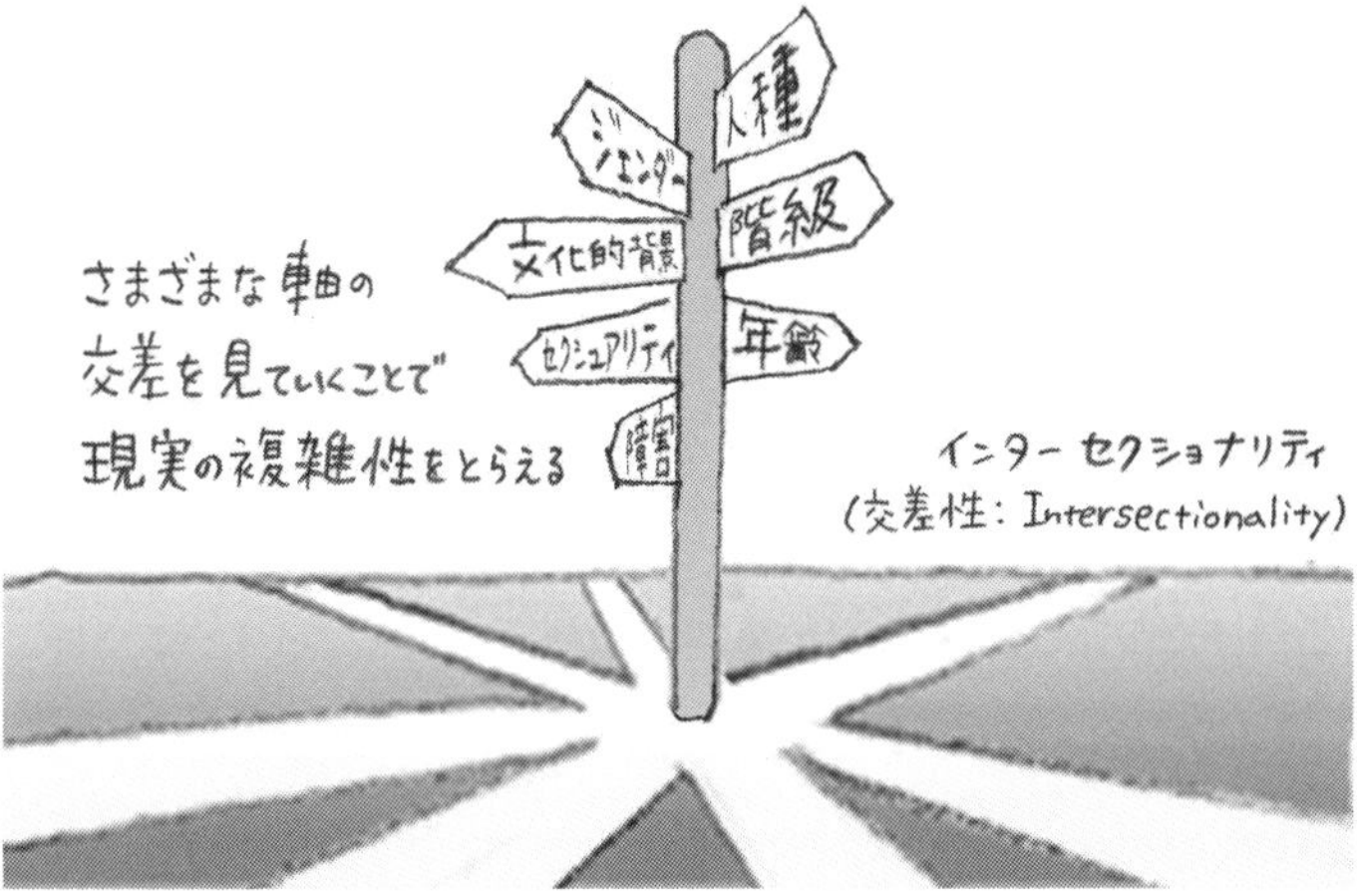

す影響は一人一人の立場によって違ってくることがわかります。

「ハーフ」や「ミックス」というテーマでも、いろいろな要素の交差性を見ていくことで、一人一人の経験や社会問題の複雑性を理解することにつながります。

――同じ人でも、年齢によって社会から受ける影響が変わってくるかもしれないし、家族の中でも親とか子どもとかの立場や、性のあり方によってもそれぞれ経験することが違うかもしれないいってこと?

そうです。個人の経験だけではなく、社会のシステムや構造や制度などについても、この交差点の視点で見ると、その複雑性をつかむことができます。

インターセクショナリティのとらえ方を参考に、この本では「年齢」「障害」「出生地と育ち」「文化的背景」「民族的・人種的背景」「ジェンダー」「セクシュアリティ」「経済的状況」「移動や歴史の背景」「国の背景」「名前」の要素から考えてみます。

「年齢」について、たとえば戦後の世代と現代とでは、体験する人生経験がかなり違ってきますし、周囲から言われる言葉や差別表現も異なります。社会全体のあり方そのものが大きく異なるため、年齢の差異による経験の違いがあります。また、いわゆる「発達障害」「身体障害」「精神障害」など、「障害」によってもそれぞれ人生経験の差異がありますす（この本では、障害は個人の側ではなく社会の側にあるという「社会モデル」の考え方にそって「障害」と表記しています）。海外にもルーツがあることと、「年齢」や「障害」などの要素が交差することで、一人一人の置かれた立場や社会での経験が違ってきます。

「出生地と育ち」については、日本生まれ日本育ちでほとんど海外に行ったことがないという人もいますし、外国で生まれてすぐ日本に来た人や、ティーンエイジャーや大人になって日本に来た人たちもいます。育った場所も、都市部や郊外、地方や農村部などさまざまな地域で経験は異なります。「まわりにハーフが自分一人だった」という人もいれば、多様なルーツの人がまわりにいる環境で育つ人もいます。引っ越しによって環境が大きく変わる場合もあります。

学校も、公立、私立、インターナショナルスクールなど、どのような学校に通っていたかによって経験が異なる場合があります。学校の選択には家庭の経済的状況ももちろん関係しています。さらに、自分の身のまわりにどういう人々がくらしているか、住んでいる自治体が多文化や多様性にどのぐらい理解があるか・支援しているか、学校環境（日本語サポートがあるか、教員への研修や生徒に対する多文化理解教育があるか）、海外ルーツの人々の集住地区が近くにあるかどうか、などによってもそれぞれの経験や置かれた状況が異なる場合があります。

「文化的背景」については、自分のルーツに関する文化や習慣や言語にあまりふれてこなかった、ふれられなかった、ふれないようにしてきた、という人もいれば、海外への渡航などによってルーツの国の文化・習慣・言語を体験して育つ人もいます。海外へ行くことや言語を身につけるために学校に通うにはお金がかかりますから、文化的要素に関する体験も家族の経済的な状況によって左右されます。

――同じような環境でも親がどれくらいお金を持ってるかによって、子どもの経験が変わってくるってことだね。

もちろん、「経済的状況」は人生経験に影響しますよね。お金だけでなく、両親の関係（ルーツの文化が尊重されているかどうかなど）、親が離婚している場合、別居の親との交流があるかどうかなど、いろいろなことによって、一人一人の経験は異なってきます。そうした中、海外のルーツがあったとしても、必ずしもその国の文化や習慣を身につけているわけではなく、人によって文化的背景は異なります。

また、宗教的なバックグラウンドも重要です。キリスト教の文化圏であるフィリピンや南米にルーツがある人も多くくらしていて、日本でも教会を通じたコミュニティにかかわって生活している人もいます。また、イスラム教とのつながりで、豚肉やスカーフに対して偏見や差別を受けたという話も聞かれました。

そして、もちろん日本での生活が長ければ、その分日本の文化や習慣を身につけています。「ハーフ」や海外ルーツの人々というと、「海外とのつながり」「外国の文化・習慣・言語」ばかりに関心や注意が向けられがちで、そのせいなのか、「日本の文化・習慣・言語を身につけていない」とみなされる場合があるのです。もしあなたが日本で育ったなら、「私と同じ日本育ち」と考えればすぐに理解できると思います。また、日本で育っていなくても、日系の学校や親から日本の文化・習慣を学ぶ場合もあります。

つぎに、「民族的・人種的な背景」についてです。いわゆる「民族」や「人種」によっても社会的に置かれる立場や人生での経験は異なります。

――「いわゆる」ってどういうこと？　民族と人種ってどう違うの？

「民族」という概念は、文化や習慣、伝統、祖先とのつながり、祭事、言語などに着目した意味として使用されることが多い言葉です。

「人種」については、たとえば、肌の色はグラデーションのように一人一人異なっており、どこかで区切れるような明確な基準が存在するわけではありません。「人種」そのものは科学的に存在しないということが指摘されています。その一方で、歴史的に「人種」という概念がつくり出され、社会のすみずみにまで浸透していて、民族的・人種的な指標にもとづいて「東アジア系」「東南アジア系」「南アジア系」「白人系」「黒人系」「ラテン系」「中東系」などさまざまなカテゴリーに分類しようとするまなざしが向けられています。

「ハーフ」や「ミックス」などは、社会の中で民族的集団や人種的集団と呼ばれるようなどこか一つの集団に属するわけではありません。異なるバックグラウンドの親同士の間

「人種」は存在しないと、科学的に指摘されている

に生まれたため、それぞれさまざまな民族的・人種的背景があって、人によって経験が異なります。

社会に浸透する民族的・人種的な偏見も個人個人の生活や経験に影響を与えています。たとえば、「黒人系」だったら、「スポーツが得意」とか、「歌がうまい」などと思われていることがあります。でも、そういったイメージを結びつけて見られるのは、プレッシャーになったり、努力しても「黒人系だから」としか見られないということもあります。また、「犯罪《はんざい》」と人種的なイメージとを結びつけようとする偏見もあります。インタビューをしていると、普通に道を歩いているだけで職務質問を受けるのは、「黒人系」や「中東系」、「南・東南アジア系」のルーツの男性が多いことがわかってきました。職務質問とは、本来はその人の様子などから犯罪を犯したか、犯しそうだと警察官が合理的に判断するような理由がある人などが受けるものですが、インタビューで聞かれる体験は、見た目だけで判断されている非合理的なものです。

人種的な指標にもとづいて相手を犯罪者扱いする捜査《そうさ》手法はレイシャル・プロファイリングと言われ、アメリカなど世界でも大きな社会問題として批判されています。2020年にはジョージ・フロイド氏が白人警官によって地面に押さえつけられ死亡させられたことを契機《けいき》にこの問題が再び注目されました。世界的に大きな社会問題としてとらえられ、各地でブラック・ライブズ・マターの行進が行われました。

――人種に関する警察官の取り締まりって、アメリカだけの話じゃないんだね。

はい。私がインタビューした「白人系」のルーツの男性や、「東南・南アジア系」のルーツの女性の中にも、職務質問をされたり、道端で手荷物の検査をされたという経験を話してくれた人もいました。ジェンダーや人種的背景が複雑に絡み合っている社会問題です。

つぎは「ジェンダー」について考えてみたいと思います。次章でも詳しくふれますが、「ハーフ」という言葉が日本の歴史の中でつくり出され、テレビや雑誌などで「白人系」の女性のイメージがこの言葉と強く結びつけられてきました。「白人系ハーフ」の女性は過度に「セクシー」「美しい」などのイメージがつくられ、広告などにも起用されてきました。

こうしたことから、実際に社会でくらしている「白人系ハーフ」の女性が日常生活で性的なまなざしを向けられたり、セクハラや性暴力などの性的被害を経験する場合もあります。また自分自身の外見に対する周囲の過度なまなざしや社会のイメージの影響を受けて、うつ病や摂食障害《せっしょくしょうがい》と診断された方もいました。

一方、インタビューの中では、「黒人系ハーフ」の女性が、「黒人のわりには可愛い」「綺麗《きれい》じゃない」といった言葉を投げかけられた経験が語られています。これらの言葉には、日本社会でつくられた「美」のイメージが肌の白い女性のイメージに非常に偏《かたよ》ってきたことが示されています。また、ムスリム（イスラム教徒）の「ハーフ」や「ミックス」の女性は、イスラム教のきまりから肌の露出を避けたり、ヒジャーブ（スカーフのようなもの）を着用することがあります。そうした場合、肌の色などの外見に加えて、ヒジャーブを被《かぶ》ることも「日本人らしくない」と言われて、二重に「日本人ではない」と排除される経験が語られていました。つまりジェンダーの要素と、「人種」「民族」「文化的背景」「宗教」などの要素が複雑に重なりあう経験をしています。

――肌の色は「人種」的なことだし、ヒジャーブを被ることは、「民族」でも「文化的背景」でも「宗教」でもあるから、その人の経験はそういうものが重なってるってこと？

そうです。「ハーフ」や「ミックス」の女性たちの経験は、人種的な要素だけでなく、ジェンダーや社会にある美の偏った基準などいろいろな要素が重なり合っています。世界経済フォーラムが発表している社会の男女平等の度合いを数値化したジェンダー・

ギャップ指数ランキングで、2020年の日本の順位は153カ国中121位と非常に低く、男女間の格差と性差別が深刻です。「ハーフ」や「ミックス」の女性は、人種的・民族的にマイノリティであるばかりか、ジェンダーの格差・差別にも直面しているのです。

「ハーフ」や「ミックス」の女性はジェンダーの格差にも直面している

つぎに「セクシュアリティ」についてです。改めて言うまでもないぐらい当然のことですが、自分の性をどのように認識しているか、恋愛の対象がどういう性なのかなど、「ハーフ」や「ミックス」の人々のジェンダーやセクシュアリティのあり方は多様です。その要素も交差することで、社会的立場や経験も異なっていきます。

また、セクシュアル・マイノリティであることと、人種的・民族的マイノリティという立場が重なることで、差別が重なり合って経験される場合があります。性のあり方も、人種的・民族的なあり方も実際には多様で、単純に二分されるものではありませんよね。人種的・性的な、ゆらぎ、あいまい、あわい、複雑性みたいなものを、そのままで受け止めていくことは、相手の人権を尊重していくことです。

「移動や歴史の背景」も多様です。移動については両親が海外で出会って日本に来てその人が生まれたり、両親が日本で出会ったり……さまざまなケースがあります。海外で出会う場合でも、ワーキングホリデーや留学で学生として海外に渡航した先での出会いもありますし、国際NPOや海外赴任《ふにん》など仕事で訪れたところで出会う場合もあります。日本で出会う場合でも、留学生として来ていたり、技能実習生という在留資格で来日したあとに出会った場合もあれば、仕事で移住していたり、教師や医師、外交官として来日している場合もあります。全国にある米軍基地に駐留《ちゅうりゅう》している場合もあり、日本に来た理由や在留資格もさまざまです。在留資格とは、外国人が日本に住むために必要な資格で、資格によって在留期間が決められています。

日本には、「在日コリアン」と呼ばれる人々など、1945年に日本が戦争で負けるまで植民地にしていた朝鮮半島や台湾、日本が当時強い影響力を持っていた中国の一部などからさまざまな理由で移住した人々とその子孫が多くくらしています。その人たちの中には日本の人と結婚し、子どもが生まれるケースもあります。

1990年、日本では働き手不足を補うために、「入管法」（出入国管理及び難民認定法）を改正し、「定住者」という在留資格がつくられました。それによってブラジルやペルーなど南米からも多くの「日系人」やその家族が来日しました。南米の日系人は、明治時代や敗戦後から1960年代くらいまでの間、日本が貧しかったので日本から南米に移住していった人たちの子孫です。その後、90年代ごろから日本に移住してきた人々の中には、南米ルーツの「ハーフ」や「ミックス」と呼ばれる人々も多く含まれていました。

——日本から南米に移住して、今度はその家族や子どもたちが日本に移住してきたんだね。

そういうことになります。「定住者」と同じ１９９０年につくられた在留資格「興行」ではフィリピンから多くの女性が来日し、日本で結婚するケースもあり、フィリピンにもルーツを持つ多くの「ハーフ」や「ミックス」の子どもたちも生まれました。１９９０年からすでに30年以上経《た》っているので、このとき移動してきたり生まれた子どもたちは、今はもう「子ども」ではなく、20～30代ぐらいとなり、今も日本社会でくらしている人もいます。人の移動には、日本の歴史・国際社会の歴史、国による政策や在留資格の設置が大きくかかわっているのです。

また、こういった歴史的状況はテレビや新聞、書籍などによって社会で広く知られているため、実際は違っていたとしても社会のイメージが結びつけられる、ということも起こっています。たとえば、フィリピンのルーツがあっても必ずしも全員の親が「興行」の在留資格で来日したわけではありませんし、南米のルーツの場合もすべての親が「定住者」の在留資格で来日したわけではありません。多いという傾向はありますが、同じルーツでもすべてのケースの移動の条件が同じではないということです。

韓国や中国にルーツがある人も、植民地の時代とつながりがある場合もあれば、近年仕事や留学で日本に来た場合もあります。沖縄などの米軍基地周辺地域では、「ハーフ＝米兵の子」というイメージが強いのですが、実際には教師や留学生などとして移住した親の子どもたちもくらしていて、背景は多様です。

また、「国の背景」には、ナショナル・アイデンティティや文化的つながり、国籍といった法的地位などが含まれます。

――ナショナル・アイデンティティってなに？

国民としての自己認識や国民意識などのことです。国籍については、たとえば親が欧米の国の国籍であれば「白人系」、アフリカの国の国籍であれば「黒人系」と想定してしまう人もいますが、実際には人種的・民族的背景は多様です。親がアメリカ国籍といっても、いわゆる「白人系」や「黒人系」「ラテン系」「アジア系」「中東系」などさまざまです。アメリカに限らずどこの国籍でも、同じように人種的・民族的背景は実際には多様です。

国籍とはあくまでも国が規定する法的地位であって、その国籍を持つすべての人の人種的・民族的背景を規定するものではありません。必ずしも国籍＝人種・民族的背景ではな

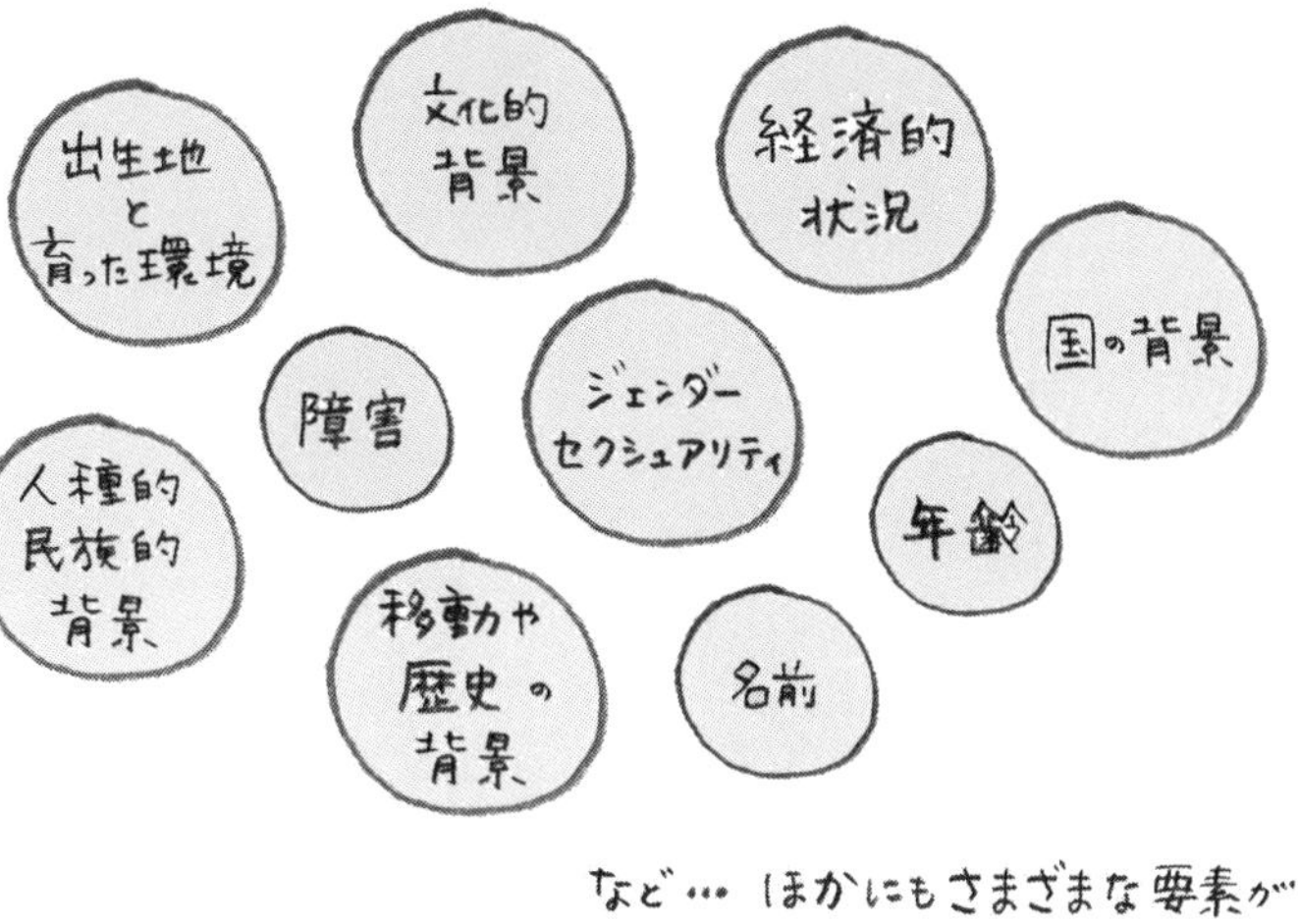

い、ということです。ただし、国籍はアイデンティティやルーツとしての意味合いも大きく持っています。

相手の顔を見て、「〇〇さんって、□□人には見えない」といった発言をする前に、自分自身の頭の中で国籍に人種・民族的な偏見を結びつけていないか、まずは問い直してみる必要があります。

最後に「名前」についてです。名前のあり方によっても、個々人の経験や社会からのまなざしは異なった形で現れます。カタカナや漢字圏の名前があったり、逆に日本的な名前だけだったり、海外ルーツの国でも日本でもよく使われている名前であったりとさまざまです。前章で話したように名前でからかわれたり、アルバイトや就職で不利な扱いを受けることもあります。国際結婚であれば、親が夫婦別姓の場合もあります。

こうして、インターセクショナリティ（交差性）という観点で、さまざまな社会的要素から見ていくと、実際には一人一人が複雑な社会的立場に置かれ、複雑な経験をしていることがわかります（ここで取り上げたもの以外の要素も考えられます）。それなのに、このように多様であるはずの存在が、メディアなどでまとめて「ハーフ」という一言で呼ばれます。そして、これまでテレビや雑誌、映画などで描《えが》かれてきた「ハーフ」のイメージが似たようなものばかりだったため、一人一人の多様性や複雑性が見えにくくさせられてきました。けれども、「ハーフ」や「ミックス」という言葉の背景には、一言ではまとめられない多様な個人が存在し、一人一人が多様な人生を送っているということです。私はたくさんの人に話を聞かせてもらってきましたが、インタビューをするたびに今まで聞いたことのない話があり、一人一人の経験は本当に多様だなと思います。

――いろいろすぎて、「ハーフ」のイメージがよくわからなくなった。

そうですね。逆に、社会でつくられたイメージが頭の中で揺るがされることはとても大切なことで、そうすることで目の前の一人一人をより理解することにつながっていきます。インターセクショナリティの観点から見ていくと、あまりに複雑すぎてよくわからなくなる、という意見もあると思います。でも、「ハーフ」や「ミックス」に限らず、あらゆる人々は、ジェンダー、セクシュアリティ、経済状況、障害、年齢、国との関係、民族的・人種的背景など、さまざまな要素の交差する社会的立場に置かれていて、実際にはそれぞれ複雑で多様な経験をしています。

当然ですが、たとえ親子であっても、いろいろな要素の交差によって、社会的に置かれる立場や人生経験は異なっていくのです。世間には、物事を「いかにわかりやすく伝えるか」ということが重視される風潮があります。でも、「わかりやすく伝える」という行為によって、現実の複雑性や多様性が覆《おお》い隠《かく》されてしまう、ということもあるのです。

どんな人であれ、複雑な社会構造の中でさまざまな経験をしているという現実を直視し、その複雑性をふまえてコミュニケーションをとっていく、ということが非常に重要です。また、さまざまな社会問題や、社会の制度やルールやシステムについても、インターセクショナリティの視点からその複雑性を理解していく視点が大切です。

差別や悩みについてもう少し詳しくお話しする前に、次章では、日本社会ではそもそも「ハーフ」などと呼ばれる人々をめぐる歴史はどのようなものだったのか、戦後からたどってみたいと思います。

人はそれぞれ複雑で多様な経験をしている
複雑性をふまえてコミュニケーションをとることが大事

鈴倉佳代さん

佳代さんには、これまでの学校や職場での経験、社会との関係性、日常で感じる違和感などについてお話をうかがいました。

——生い立ちについて教えていただけますか？

日本出身の父と台湾出身の母のもと、日本で生まれ育ちました。先天性の障害があるため、車椅子《くるまいす》を使用しています。そのせいか近所の幼稚園には入園を断られたらしく、家から遠い幼稚園に通っていました。

気がつくと「ハーフ」と名指されていた小学生だったある日、私が「ハーフ」だとまだ知らないクラスメイトと雑談をしていたら、隣のクラスの子がやって来て私たちの話をさえぎり、「Aちゃんから聞いたんだけど、佳代ちゃんってハーフなんだって？」と聞いてきました。それを聞いたクラスメイトも、「じゃあ、向こうの言葉しゃべれるの？」と聞いてきて。私がしゃべれない、と答えると「えー、しゃべれないのー。そういえば台湾って中国の一部なんだっけ？」……などの会話が繰り広げられていたのは、おぼろげながら今でも覚えています。いきなり土足で踏み込まれたような感触があり、なんだかとてもイヤでした。

「台湾いいなー、行きたい！」とポジティブな声もありました。けれど中学年あたりから、車椅子に乗っているなんて——障害があってかわいそう——、「ハーフ」ならバイリンガルでしょう——しゃべれないなんてもったいない——、台湾は中国の一部だよね——話している言語は台湾語？——など、主に大人からの（ある意味間違った）認識を耳にして、劣等《れっとう》感が植えつけられていきました。障害のある状態が自分にとっては当たり前で、だれからも教わっていないから中国語をしゃべれないのも当然だったのですが。障害がありモノリンガルであることはマイナスだ、との周囲のまなざしには苦痛を感じました。

「ハーフ」であることは中学以前から公然の事実で、とくに自分から言う必要もありませんでした。高校に進学してからですね。「日本人」的見た目と名前と来歴から、自分から言わなければ「ハーフ」だと認識されないと気がついたのは。クラスメイトに言うタイミングを逃《のが》したのもありますが、台湾に対するプラスの、あるいはマイナスのイメージを過度に結びつけられたり、バイリンガルではないことに言及されたりするのがイヤだったのですよね。ルーツは言わないことを無意識に選択し、ずっと「日本人」に擬態《ぎたい》していました。

車椅子ユーザーということで、高校では修学旅行など学校の外でやる行事は、大体みんなと別行動でした。同じことは無理でも似たようなことを近くでできれば、それでよかったのですが……。中学から高校にかけては、周囲との〝違い〟をまざまざと見せつけられた時期でした。

――職場での経験についてもうかがえますか?

車椅子ユーザーとして、「ハーフ」として、印象に残っている出来事が二つあります。

一つ目は車椅子に乗ったままでも、ギリギリ届く位置にあるものを使っていたときのことです。その様子を見た上司が、低い位置に移動してくださりました。私が使えるものはほかの人も使えて、位置が変わっても困ったことは起きず……。ところが数日のうちに元の位置へ戻されていて、突然同僚が「(鈴倉さん専用の)新しいものを買ったから使ってね」と言ってきました。同僚から事前の確認がなかったこともあり、善意の押しつけと合理的配慮が排除された、と感じました。

二つ目は、日本語非母語話者の日本語に文句をつけ、笑っていた同僚の姿です。電話を終えた日本語母語話者の同僚が「疲れたー。この人の日本語、何言ってるのかわからない。話、通じない!」、と言っているのが耳に入りました。電話相手は日本語非母語話者だったようで、同僚は相手の日本語能力を笑い、発音を面白おかしく真似しました。周囲の人も真似して笑っていて、その行為を止める人は一人もおらず……。

日本語非母語話者である母の日本語を聞いて育ってきた私は、動けずただ黙って耐えていました。あのときどうしたらよかったのだろうか、と時折考えます。中座《ちゅうざ》（話の途中でその場を去ること）したらよかったのか、闖入《ちんにゅう》（話に割って入ること）して苦言を呈したらよかったのか……。

その瞬間は、憤《いきどお》って血が沸《わ》くような感覚があり、自分が透明人間になったみたいでした。想像すらされず、不可視化されている。海外にもルーツがある人なんてこの場にはいないよね、「日本人」しかいないよね、みたいな空気を肌で感じます。そんなことがあるので、職場でも普段は「日本人」に擬態してやり過ごしていますね。

東アジア出身の両親から生まれた「ハーフ」や「ミックス」は、日本に住んでいると「日本人」側へ半強制的にカテゴライズされがちで、もう一方のルーツがないもののように扱われたりします。東アジア系の「ハーフ」や「ミックス」は日本にもいて、人それぞれ違ったアイデンティティをもっている、ということは周囲に伝えていきたいです。

障害については、医学モデル（社会的不利はその人個人の問題だとする考え方）か社会モデル（社会的不利は社会の問題だとする考え方）かといわれていますが、私は社会モデルだと思っています。「ハーフ」や「ミックス」を取り巻く物事に関しても、社会モデルといえるのではないかと考えています。

佐々木リアムさん

現在はスイスで暮らすリアムさんに、日本で育った経験や学校での思い出、「ハーフ」という言葉に対する思い、そして人権についてのお話を聞きました。

――生い立ちについてお聞かせいただけますか？

母がスイス人で、父が日本人なんですけど、イギリスで父の仕事があって、母はそこで働いてたので、そこで私が生まれて。日本に転勤になって、日本に家族全員で移って、という感じです。日本に来たときは日本語がわからなくて、隣の子に教えてもらったの、今でも覚えてます。大阪でもけっこう田舎《いなか》のほうで、その地域の海外からの家族はうちだけだったので……。

1年生、2年生のときの先生はすごくよく覚えてるんですけど、本当に良い先生でした。私はベジタリアンなんですけど、そのことも理解してくれて、「キクラゲは肉じゃないよ、あなたは食べれるよ」って優しく教えてくれた先生でした。でも、小学校ではまわりから、「ヘンな顔」って言われたり、「日本語ヘンだ」って言われたり、そういうこともありましたね。これは、あるあるだと思うんですけど、ほかのクラスからわざわざ私を見に来たりだとか。あと、いっつも「アメリカ人!」「アメリカ人!」って言われてました。海外イコール、アメリカみたいなイメージが。

あと、イギリスから来たということもあって、持ちものが違って。たとえば絵の道具で、筆を洗うバケツがあるじゃないですか。あれが黄色い蓋《ふた》がついてるコップタイプだったんですけど、それを使ってたら……、学級会議になっちゃったんですよ。児童の一人が、「リアムだけ違うの使ってます」って言って、それで会議になりましたね。一人だけ違うものを持ってるだけで。

中学生の頃は意外といじめとかはなかったんですが、高校は厳しかったですね。荷物検査もあったし……。月に1回か2回、制服チェックとか髪の毛チェックがあって、耳に髪が被ってたらだめとか、女の人だったら、スカートの長さを本当に測ったりとか。私は、今は髪が黒いんですけど、昔は茶色かったので、そしたら証明書を発行しないといけないって言われて……。本当にバカバカしくて……。父が学校に行かなきゃいけないってなって。校長先生は「あなたのお母さんが来たほうがすぐわかるから、お母さんに来てもらったら」って言われたんですけど、お母さんにそんな理由で来てほしくないので。ほんとバカバカしいと思って。悔しくて。しかも留学コースとか国際コースとかあるような学校がですよ。

大学は九州に行ったんですけど、もうパラダイスでした。本当に良い思い出で。半分が外国からの人だったから。違って当たり前だし。学校へ行くバスでも乗ると10カ国語ぐらい聞こえてくるし。カフェテリアもハラール（イスラム教で食べることができる食材や料理などを指す）対応、ビーガン（菜食主義）対応だとか、そういうのが普通で、本当にありのままいれました。

たぶんあるあるだと思うんですけど、行くところ行くところで、「ハーフですか?」「ハーフですか?」って言われるんですよ。服を買いに行ったときも、髪を切りに行ったときも、インタビューのように。「ハーフですか?」「どこの国ですか?」とか、「家では何語?」「お父さんとお母さんどこで出会ったの?」って。ほんとに、髪の毛切りに行っただけなのに、つぎからつぎへと……。今だったらかわせるんですけど、そのときは真剣に答えちゃって、あとからイライラしたりだとか……。

1回ほんとうにイヤだったのが、ガソリンを入れてるときに、店員さんが「ハーフですか?」っていきなり聞いてきて、そのときイライラしてて心の余裕がなかったので、「いや、違います」って言って。相手が、「え、日本人ですか?」って言ったら、「いえ、違います」ってさらに言って。さらに「え、え、え」ってなって。私はそのときに、「初対面で人種を聞くのは失礼ですよ」って言ったんですよ。そしたら、「あ……」ってなってどっかに行って……。そういう返事のしかたもありだなと思って。

だから、大学のときはずっと、髪の毛を自分で切ってました、そういうのがイヤで。もう、本当に。そういう質問が今でもイヤです。それで「ハーフ」っていう言葉がイヤになりました。あまりにも聞かれすぎて。でも、ミックスじゃない人からしたら、「そんなんでそんな怒らんでも」とか。「うらやましがられるからいいやん」とか言われるけど、イヤですよね……。

あと、「日本語ペラペラだし、もうリアムは日本人やな」ということもよく言われるんですけど、それが違和感《いわかん》で苦手です。私のアイデンティティを勝手に決めつけないで、って感じで。

いろいろ質問されたときは、わざとおなじ質問したりします。「あなたはどことのハーフですか?」とか、「あなたの親の馴れ初めをまず教えて下さい」とか。「どこで生まれたの?」とか「家で、何弁で話してるの?」とか。言われたら逆にこっちからも質問してみたりします。自分はクィア（異性愛中心主義や男女二元論とは異なる性のあり方）なんですけど、あるグループに参加したときに、あるレズビアンの人が言ってたのは、まわりに「あなたおなべなの?」って「おなべ」って言葉は良くない言葉ですが、「おなべなん?」ってまわりに言われたら「めんどくさいから、笑いながら『そうやねん』」って。「何言われても笑いながら『そうそう』って言っとけばいいねん」って言ってたのが、すごい引っかかって。

レズビアンに対して差別用語を言っていいのか、ってみんな思っちゃうし。トランスジェンダー（出生時に割り当てられた性別とは異なる性を自認する人）の人にもこんな質問していいんだ、って思っちゃうかもしれないじゃないですか。だから私たちが伝えていかなきゃと思うんですよね、笑って流すだけじゃなくて。「悪気ないのはわかるけど、その言葉良くないよ」とかって。伝えていかないと、なんか、一人が笑って流したことで、結局はまた別の人に被害がいくじゃないですか。ほかの人に。だから、伝えていかないと、知ってもらう、っていうことが大事だと思います。

小さいころから、いろいろ男女分けられてるのにも違和感あったたし、制服も変だなと思ったし、そういう違和感はありましたね。「男らしく」「女らしく」とか。ジェンダーの話も、ハーフのことも、同じ人権の話ですよね。学校のルールも変われば、みんなにとって良くなるから。根本は人権ですよね。

カーン ハリーナさん

ハリーナさんは「日本生まれの日本育ちで、父がパキスタン人で、母が関西出身の日本人です」と話してくださり、小学校でもほかに同じようなルーツの子どもがいない地域だったそうです。

――小学校での経験はどうでしたか?

小学校での学校生活を一言で言うと、とりあえず浮いていました。私はムスリムなので、いろいろ守らないといけないルールがありました。たとえば、肌の見える服はあまり良くないから、みんなが半袖短パンでも自分は長袖長ズボンだったり、給食にはハラーム（ムスリムが食べられないもの）が出てくることもあるので、毎日弁当を持って行っていました。自分は日本語を話す日本人だけれど、服装や食べるものが少し違うってだけでまわりからの壁を感じていた小学校時代でした。

あとは普通にいじめもありました。「外人、国に帰れ」や名前のことで揶揄《やゆ》されるのはハーフあるあるですよね。負けたくなかったので言い返したかったんですけど、なんて言い返せばいいんだろうって悩んでいたのを覚えています。違うって認識されているのはわかるんですけど、私のアイデンティティは日本のほうが強いので「外人」じゃないよ! って思っていました。そうやって「日本人としての私」をずっと否定されつづけてきたので、もしかしてパキスタン人だからそうやって扱われるのかなって考えていた時期もありました。

当時、弟も学校でうまくいってなかったので、親が一念発起《いちねんほっき》して、私たちを連れてパキスタンに行って、そこで約1年学校に通いました。親の狙《ねら》いとしては自分のもう一つのルーツを知ってほしかったみたいです。でもたとえば、学校に行ったらバスから降りてきた子どもたちから、「チャイニーズ」って呼ばれたり。

ずっと日本人から日本人であることを否定されて「私はパキスタン人だ」っていうことで自分を保っていたのに、パキスタンではパキスタン人扱いされなかったので、「じゃあ、自分って何人《なにじん》⁉」ってよく悩んでいました。正直に言うと、悲しかったです。でも振り返ってみると、自分のもう片方の文化を知れる良い機会でした。

高1のときに、母が怪我《けが》をして手術を受けないといけなくなったので、家族で日本に戻りました。日本帰国後は日本にも合わなかったし、パキスタンにも合わなかったし、もう人生無理だって病んでいました。家庭の事情もあって、高2、高3の時期は高校には通わず、ずっと家で勉強していました。高等学校卒業認定を高校2年生のときに取得して、高3の時期はずっと英語の勉強をしていました。

それで、高3の学年が終わる時期に専門学校を受験して、外国語専門学校に18歳のときから2年間通っていました。そこが私のターニングポイントでした。学校では外国人の先生が多くて、クラスメイトも外国に興味を持っている人が多かったので、そこで自分が初めて「普通」になれたんです。それまで自分ってどちらの国でも、悪い意味で浮いていたので、ずっと普通になってみたかったんですよね。学校では英語を勉強して、資格をとって、友だちもできて、初めて楽しく学校生活を過ごして、そのあとは地元の大学に就職しました。

そのころ、同時に放送大学で心理学を学んでいました。たぶん長い間ずっと病んでいたんですよね。いじめのことやイスラム教徒としての常識と、日本人としての常識と、パキスタン人としての常識、そのぜんぶを背負って日本社会に適応しようとするのは、自分にとってはとてもじゃないけど簡単じゃありませんでした。食べられないものがあることや門限が厳しいことで友だちと遊ぶたびに気を遣ったり、気を遣われたりしていて。それで私のまわりの子も似ているような状況で悩んでいる子が何人かいたんです。自分も含めてそういう人たちを助けたいと思って、心理学を勉強していました。

あるとき、心理学のセミナーで実際に教室に集まる機会があって、その講師が差別を研究されている方だったのですごく楽しみで参加しました。自分の関心にすごくぴったりだと思って。自己紹介の場があって、「好きなおにぎりの具の味を言おう」っていうことになったんです。それで、講師の方がいちばん最初に私を見て聞いたのが、「おにぎりって知っていますか？」って質問だったんです。そこで、もうダメだと思ってしまって。日本に住んでいたら私、自殺してしまう、もう耐えきれないと思って。そこからより一層留学を考えるようになりました。

ほかの人が聞いたらすごく簡単な言葉かもしれないですよね、「親切に聞いてくれただけじゃん」って言われるかもしれないです。でも、自分のキャパシティを超えた言葉がそれだったんです。今まで溜《た》まりに溜まってきたものの最後の言葉がそれだったんです。その講師と最後に話したときに、「差別を研究していらっしゃるのに、そこは考えられなかったんですか？」って直球で聞いたんです。そしたら、「すいません」って言われて、それでもうなんでもいいや、と思っちゃって。そこから英語の検定試験を受けて、大学に出願して、入学許可をもらって、退職して、ニュージーランドの大学に留学しました。

私が日本での学生時代に経験したことはもう過去の話なんですけど、それと同じ経験をつぎの世代にはさせたくないってずっと考えていました。私には4歳の妹がいるんですけど、その子には同じ経験をさせたくないなって、すごく思うんです。今心理学を学んでいますが、いつか私も次世代のサポートができるようになるのが私の最終的なゴールですね！

山内里朱《さとみ》さん

里朱さんは、日本で生まれ、生後すぐから22歳の現在までアメリカでくらしています。アメリカと日本での経験について、そして経験や立場の違いなどについて話してくれました。

――小学校や中学校のころはどんな経験をしましたか？

たとえば「アジア人だから頭良いんでしょ」とかそういうのがよくありましたね。私は、悪い経験もそれほどないし、良い経験もそれほどない、という感じで。小学校では普通という感じでしたね。中学校もそんなに印象なかったんですけど、高校ぐらいからちょっと違和感を覚え始めて。住んでる地域がすごく白人が多くて、しかも金持ちの白人が多い地域だったので。どちらかというと金銭的な差別や違和感のほうが強かった感じで。表向きはあからさまな差別とかはないんですけど、どこか潜在《せんざい》的なところでは絶対あるんだと思います。

数年前に、他州の大学に通っていたころ、冬休みに地元に戻ってきたときに、近くのリサイクルショップみたいな古着屋さんに行ったんですけど、店員に「何かお探しですか？」って言われて。こっちが、「大丈夫です」って言っても、そのあとじろじろ見られたりして。それで会計するときに同じ人がいて、「どこ出身ですか？（Where are you from?）」って言われて、「この辺で育ちました」って言ったら、「え、本当はどこ出身なんですか？（Where are you really from?）」っていう典型的なことを言われて。自分がアジア人なんだ、っていうのを改めて気づかされましたね。すごい、イヤでしたね。それを聞いて何を得るんだ、っていう。怪しまれてる感じが、すごいイヤでしたね。

大学では、白人だらけっていうのもあったんですけど、日本人の留学生がすごく多くて、その留学生たちと接するので、いちばんアイデンティティを問われるというのがありましたね。日本語で自己紹介したら、「え、え、すごい！」みたいな。

そこで出会って友だちになった子がいて、さらに私が日本に留学したときにもゼミとかが一緒で、多様性とかいっぱい話してた友だちが、「日本人より日本語うまいね」って言ってきて……。なんでかなぁって、すごい思いましたし。アメリカにずっと住んでても帰国子女とかだったら「日本語うまいね」とは言われないと思うんですよ。アメリカに住んでるだけじゃなくて、やっぱりアメリカにルーツがあるからそう言われるんだなって思いましたね。「本当はしゃべれない」っていう前提があるから。

　自分は、自分のことを「日本人」だと思ってて。それこそ日本にルーツがあるアメリカ人じゃなくて、アメリカにルーツがある日本人って思っているんですけど、でもやっぱり違うところにルーツがあるっていうだけで日本人から除外されてるっていうのが、すごくイヤですね……。シンプルに。悪気がないのはもちろんわかってるんですけど……。そこで、「いや、私も日本人なんだけどね」ってツッこんだら、謝ってくれたし、そこで考えるきっかけになってくれたらと思うんですけど。

　日本の大学にいたときは、同じミックスの人と「ハーフの人権」みたいなことを話し合ったこともありました。アメリカの白人の親のルーツがあるミックスとしては、人権的に、同じミックスの人でも立場が違うと経験もぜんぜん違うっていうのも、改めて思いましたね。いきなり英語で話しかけられたりとかっていう体験はもちろんあるんですけど、やっぱりミックスはミックスでも、どこのルーツがあるかでぜんぜん扱われ方が違うなとも思いますし。ミックスの中では優遇《ゆうぐう》される立場である人として、自分に何ができるんだろうっていうのを大学で話したあとからすごく考えるようになりましたね。

　そもそも人種差別とか外国人への差別っていうのが、日本の中にはいろんなレベルであると思うんですけど、「日本にはない」という思い込みっていうのがすごくあると思います。「日本人は多様である」っていう以前に、なんでそもそも「日本人は多様であると思われていないのか」っていう部分を考えていきたいですね。何が「日本人」というカテゴリーを指すのかっていうのは人によってつくられたものだ、っていうのはそれこそ社会学的な感じになりますけど、そういう視点は大事だと思います。

第3章

「ハーフ」のイメージと現実は違うの？

1 「ハーフ」の歴史は日本の歴史なの？

――「ハーフ」の歴史って考えたことなかった。

「ハーフ」の戦後史＝日本の戦後史といえます。日本の歴史と関係ない、みんなが知らないもう一つの歴史があったということではなくて、日本の戦後の流れとすごく密接に結びついているということです。

敗戦直後から詳しく見ていきましょう。

中国やアメリカ、ソ連（今のロシア）などとの戦争（第二次世界大戦）に負けた日本は、1945年から7年間、アメリカ軍を中心にした占領軍に支配されていました。その中で、駐留しているアメリカ軍兵士（米兵）と日本の女性との間に多くの子どもたちが生まれました（イギリス連邦軍が駐留していた広島県呉市などでは、オーストラリア兵士やインド系兵士と

来春、小学校へ入学
官民合同で対策研究会

混血児

占領の落し子、混血児問題は来年の学齢期を控えて早急に解決すべきギリギリの線に来たので、厚生省では九日、中央児童福祉審議会を招集、戦後初めて正式にこの問題をとりあげ厚生省高田児童局長から現状説明を聞いたのち協議に入った。

この問題はまだ全国の実数もつかめず、一昨年以来引続き国会の問題となり、複雑な国際問題もあるとの見地から福祉審議会だけで扱うことをさけ、今後は厚生、文部両省関係者のほか学識経験者、施設代表、社会評論家などをふくむ「混血児問題対策研究会」を近日中に設け、根本対策を立てるとの方針を決めた。

厚生省側では去る六月の施設調査で全国の収容混血児は四百八十二名と判ったが、一般家庭の混血児を入れると全国では二十万、あるいは十五万と推定する向もあるので、研究会では絶対に差別感を与えない方法で戦後初めて全国調査を行うことになった。

また学齢児を日本の子供同様に一般の小学校へ入学させるべきかどうかについては❶特殊化を防ぎ入学させるべきだ❷施設の子供はそのまま保護し、家庭にある子は就学のためことさら施設へ収容しない、など活発な意見がかわされたが、今度出来る研究会は混血児の初等教育問題、父親である外国人との連絡援助問題など〝敗戦日本〟に課せられた国際問題をどう扱うか注目されている。

厚生省高田児童局長談　初めて正式に外部の人の意見を求めたわけだ。いずれも日本が初めて突き当った重要問題なので今後は多くの人の協力を得て慎重にやりたい。

朝日新聞1952年7月10日　朝刊

の間の子どもたちも生まれました）。

中には親が結婚し、両親のもとで育つ子どももちろんいましたが、当時は米兵との婚姻《こんいん》手続き自体が困難でした。婚姻の手続きをしないまま生まれ育つ子どもたちも多く、片親家庭で育ったり、親族に預けられたり、捨て子になったり、児童養護施設に預けられたり、日本全体が貧しく、激変する社会の中で過酷《かこく》な状況に置かれていました。深刻ないじめや差別を受けるケースもありました。

この子どもたちのことが新聞などで多く報道されるようになったのは、占領が終わった１９５２年から53年ごろのことです。実際にはさまざまな状況の中で子どもたちは育っていましたが、新聞などでは「混血児問題」や、「基地の落とし子」と言われて、かれらの貧困や差別、教育が社会問題として語られていました。

1945年ごろに生まれた子どもたちは52年にはちょうど7歳くらいで、小学校の入学の時期にあたります。52年に厚生省（今の厚生労働省）は「中央児童福祉審議会」を開き、この問題について話し合いました。

この審議会では、「黒人との混血児だけはアメリカに返してほしい」という趣旨《しゅし》の差別的な発言も記録に残されています。露骨《ろこつ》に差別的なことが話されていて、本人や親の意思や希望といった話は一切出てきません。そういう審議会を経て、1953年に全国規模の「混血児童実態調査」が実施されました。全国といっても、沖縄は1972年まで米軍の占領下にありましたから、沖縄以外の地域が調査対象となりました。調査は、各地の教育委員会に「調査票」を配って、「混血」の子どもたちについて回答してもらうという方法で実施されました。

調査票を見ると、「混血児の状況」の欄には、「1.白、2.黒、3.不明」とあります。調査員の主観的な判断で、子どもたちの「人種的」背景が定義され、カウントされていきました。

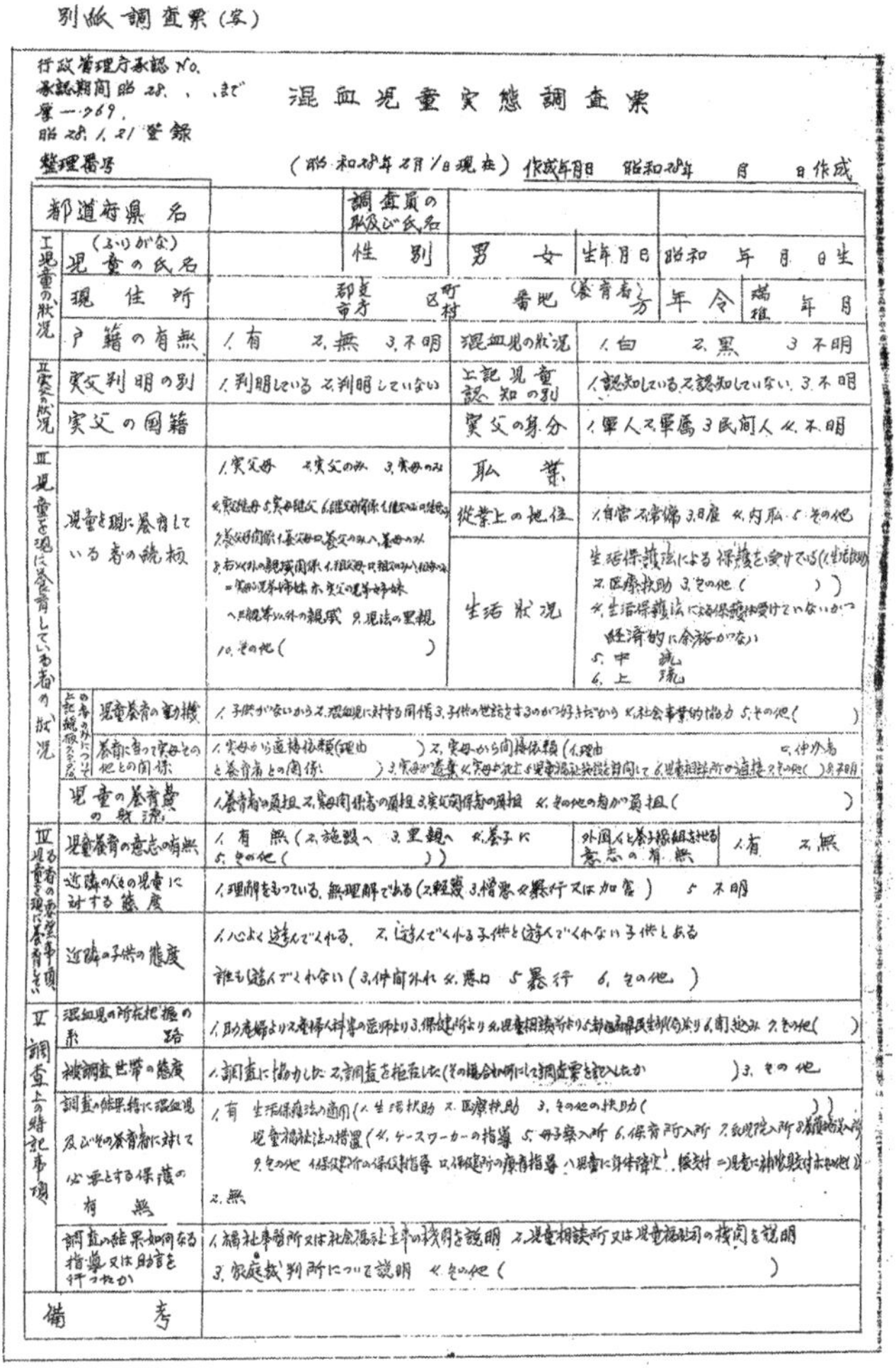

別紙調査票(案)

行政管理庁承認No.
承認期間 昭28. . .まで
肇一769.
昭28.1.21登録
整理番号

混血児童実態調査票

(昭和28年2月1日現在) 作成年月日 昭和28年 月 日作成

	都道府県名		調査員の職及び氏名	
I 児童の状況	(ふりがな) 児童の氏名		性別	男 女 / 生年月日 昭和 年 月 日生
	現住所	都道 府県 市 郡 区 町 村 番地 (養育者) 方	年令	満 年 月
	戸籍の有無	1.有 2.無 3.不明	混血児の状況	1.白 2.黒 3不明
II 実父の状況	実父判明の別	1.判明している 2.判明していない	上記児童認知の別	1.認知している 2.認知していない 3.不明
	実父の国籍		実父の身分	1.軍人 2.軍属 3民間人 4.不明
III 児童を現に養育している者の状況	児童を現に養育している者の続柄	1.実父母 2.実父のみ 3.実母のみ 4.実父継母 5.実母継父 6.継父母関係 イ.継父のみ ロ.継母のみ 7.養父母関係 イ.養父母 ロ.養父のみ ハ.養母のみ 8.右以外の親族関係 イ.祖父母 ロ.祖父のみ ハ.祖母のみ ニ.実母の兄弟姉妹 ホ.実父の兄弟姉妹 ヘ.ニ親等以外の親族 9.現法の里親 10.その他( )	職業	
			従業上の地位	1.自営 2.常傭 3.日雇 4.内職 5.その他
			生活状況	生活保護法による保護を受けている(1.生活扶助 2.医療扶助 3.その他( )) 4.生活保護法による保護は受けていないが経済的に余裕がない 5.中流 6.上流
	上記続柄の者のみについて / 児童養育の動機	1.子供がないから 2.混血児に対する同情 3.子供の世話をするのが好きだから 4.社会事業的協力 5.その他( )		
	養育に当って実母その他との関係	1.実母から直接依頼(理由) 2.実母から間接依頼(イ.理由 ロ.仲介者と養育者との関係) 3.実母が遺棄 4.実母が死亡 5.児童福祉施設を通じて 6.児童相談所の斡旋 7.その他( ) 8.不明		
	児童の養育費の状況	1.養育者の負担 2.実母関係者の負担 3.実父関係者の負担 4.その他の者が負担( )		
IV 児童を現に養育している者の要望事項	児童養育の意志の有無	1.有 2.無(2.施設へ 3.里親へ 4.養子に 5.その他( ))	外国人と養子縁組させる意志の有無	1.有 2.無
	近隣の人々の児童に対する態度	1.理解をもっている. 無理解である(2.軽蔑 3.憎悪 4.暴行又は加害) 5 不明		
	近隣の子供の態度	1.心よく遊んでくれる. 2.遊んでくれる子供と遊んでくれない子供とある 誰も遊んでくれない(3.仲間外れ 4.悪口 5暴行 6.その他)		
V 調査上の特記事項	混血児の所在把握の経路	1.助産婦より 2.産婦人科等の医師より 3.保健所より 4.児童相談所より 5.都道府県民生部(局)より 6.聞込み 7.その他( )		
	被調査世帯の態度	1.調査に協力した 2.調査を拒否した(その場合如何にして調査票を記入したか) 3.その他		
	調査の結果特に混血児及びその養育者に対して必要とする保護の有無	1.有 生活保護法の適用(1.生活扶助 2.医療扶助 3.その他の扶助( )) 児童福祉法の措置(4.ケースワーカーの指導 5.母子寮入所 6.保育所入所 7.乳児院入所 8.養護施設入所 9.その他 イ.保健所の保健指導 ロ.保健所の療育指導 ハ.児童に身体障害者手帳交付 ニ.児童に補装具交付 ホ.その他) 2.無		
	調査の結果如何なる指導又は助言を行ったか	1.福祉事務所又は社会福祉主事の機関を説明 2.児童相談所又は児童福祉司の機関を説明 3.家庭裁判所について説明 4.その他( )		
備考				

混血児童実態調査票

厚生省児童局「いわゆる混血児童実態調査について」(1953年1月21日)
外務省記録『本邦人と諸外国人の混血児問題』(J-6-0-0-5、外務省外交史料館)所収

――なんか、モノみたいな書き方。

はい。「中央児童福祉審議会」や当時の人々の意識が反映されているかのようです。

この調査の結果は総数が３４９０人で、「白色系」が３００４人、「黒色系」が４００人、「不明」が86人。この調査では、父親が米軍関係以外の場合や、アジア系など、外見で「混血」だと判断されなかったケースは調査対象から外されていました。

１９５３年に厚生省が調査をしたあと、文部省（今の文部科学省）がひきついで、55年、56年、60年に沖縄以外の全国で「混血児」の調査をしました。その結果、とびぬけて多い東京都、神奈川県のほかは青森県、北海道、愛知県、京都府、大阪府、兵庫県、広島県、山口県、福岡県、長崎県など「混血児」が多いのはいずれも駐留軍の基地と関係する地域でした。

１９５３年、文部省は『混血児の就学について指導上留意すべき点』という冊子《さっし》を小学校に配布しています。翌年からは、当時の各地の小学校の先生たちがつけた「混血」の子どもたちの学習記録を集めた『混血児指導記録』や『混血児指導資料』が発行されています。その資料を見ると、当時の子どもたちの様子を知ることができます。

児童「A」くんのケース。記録には「白色系」と記されています。Aくんが入学して1週間後くらいから、「あの子はアメリカ人だ、日本はアメリカに負けたのだ、にくいからいじめてやれ、等の声は勿論《もちろん》直接行動に訴えるような子も出てきた」とあります（1954年『混血児指導記録一』より）。

そして、Aくんの育ての親が語ったこととして、「このたび入学してまもなく子供は元気がなくなり、今までの友達ともだんだん遠ざかるようになり、何事かを考えているような態度をとり、涙ぐんでいるような事があり、学校へ行くのをいやがるふうが見えてきた。ある日いかにも思いつめたような顔色をなし、『お父さん僕死んでしまいたい。』と言って泣きだした」と書かれています。

——小学校1年生で、死んでしまいたいなんて……。

はい。どれほど惨《むご》い状況に追いやられていたかがうかがえます。

また、『混血児指導資料二』（1955年）には、お父さんが「インド人軍属」と記された「K子」さんについて、K子さんの友だちが書いた作文が載っています。インド系とあるので、イギリス連邦軍に所属していた軍属と推測されます。

K子さんは　いつも　がっこうから　かえりがけに　Aさんにたたかれるのでかわいそうにおもう。わたしでも　あんなにされたら　こまる。K子さんが、そうされているとき、おとこのこは　みんな「やあい、やあい」と　K子さんを　たたいてにげるので　Aさんに「Aさん、大きい人にいじめられたら　あんたでもいけまあ」というと　こらえてあげました。K子さんは　またいじめられると　いけないとおもったのでしょう　はしってかえりました。K子さんは　いろが　くろいので　いつも　六ねんや　五ねんや　四ねんや　三ねんや　二ねんの人に　かえりがけに「いんどじんのくろんぼ」といわれています。

K子さんが1年生のときに、全学年の人からいじめられて、ひどい差別を受けていたことがわかります。資料には、いじめが激しすぎてK子さんが小学校に通えなくなってしまったこと、担任の先生が家庭訪問して調査した結果、近くの尼寺《あまでら》に預けられていたことなどの経緯が書かれています。義務教育の期間に、差別によって学校に通うことができなくなった子どもがいた、という現実があったのです。

――K子さんはその後どうなったんだろう。

それは資料からはわかりません。もし現在も生きているとすれば70代ぐらいです。日本社会にくらす一人の人生の現実だという事実をまずは知って、想像してみることが大切です。

「無差別平等」という文部省の方針が人種的差別問題になにもしないという対応を導いた

文部省は当時、「無差別平等」という理念を教育の方針としていました。「無差別平等」とは「差別をせずに平等に扱う」ということで、一見すると良い言葉の響きがあります。しかし、教育の現場では「差別をしない」という意味が、差別行為を行わないという意味ではなく、「どんな背景の子どもでも同じように教育する＝特別扱いはしない＝必要な支援や対策を行わない」という考え方に解釈されていきました。

文部省の「無差別平等」の方針が、人種的差別問題に対処しないという現場の対応を導き出してしまいました。その結果、学校現場におけるかれらをめぐる人種的差別やいじめの問題はそのまま温存されてしまいました。『混血児童指導記録三』（１９５７年）の「まえがき」にはつぎのように文部省の見解が示されています。

> 結果的にさしたる問題もなく、これまで三か年を過ごしたことは、担任教師は

もちろんのこと、これに関係をもったすべての人々の御協力によるものと思う。さいわいにしてこれまで問題がなかったとしても、こうしたことはあすにも問題が起こらないともかぎらない。すなわち過去において問題が起こらなかったのは、これまでの関係者が、この教育に対してじみで目だたない配慮はもちろん骨身を削るほどの苦労をされたからに違いない。だからこそ大きな問題が起こらずに未然に防がれたのだとも考えられる。しかしこの種の問題は、今日これまで起こらなかったといって安心はできない。（傍点筆者）

――え？「問題ない」ってどういうこと？

そう思いますよね。前年、前々年の『記録』で、小学1年生の子が自殺を考えたり、学校に通えなくなるようなすさまじいいじめ、差別が起きている実態が調査によって明らかになっています。それなのに、そのつぎの年の『記録』の巻頭の短い文章の中には、異常なほど何度も「問題はなかった」という表現が繰り返されています。

そして、「今なかったとしても将来はあるかもしれない」と、将来の問題としています。将来の問題だと設定することによって、今現在は対処しなくてもよいことにしてしまっているのです。中学校を卒業したら義務教育期間が終わるわけで、その後、いじめられようがなにをされようが、本人たちが自分で解決すべき問題だという自己責任論が見え隠れしています。

こうして、政府は問題が起きていることを把握《はあく》していたのに、「問題はなかった」として、見えなくさせてきました。

1960年代ころになると、それまで「混血児」と呼ばれてきた子どもたちはティーンエイジャーから20歳代になっていきます。67年の朝日新聞では、「混血児」が日本の芸能に進んでいたり、牧場とか工場で働いていたり、運送業に就いていたり、洋服屋さんで働いていたり、バンドをやっていたりしている姿を紹介しています。

戦後生まれた子どもたちは、その後もそのまま日本社会の中で生活しているのです。

――今もおじいちゃんやおばあちゃんになって、日本のどこかにくらしてるんだね。

そうです。私のお母さんも今年70歳になりましたが、今はマンションの清掃の仕事をやっています。あなたのまわりでも、コンビニで働いていたり、道ですれ違う人の中に、こういったルーツの方がいるかもしれません。戦後の「混血児問題」の歴史は今の日本社会と切り離されたどこか別の世界の話ではなく、すごい昔の歴史的な話でもなく、あなたのまわりで生きている人の話なのです。

1950～70年代、「混血児問題」は社会的に大きな関心を集めていて、映画や小説、マンガでも取り上げられてきました。一部を紹介します。

1959年に公開された『キクとイサム』という映画があります。福島県の農村でおばあさんとくらしている、アフリカ系の米兵と日本の女性との間に生まれた「混血児」のキクとイサムの姉弟の物語です。弟のイサムは国際養子縁組が成立して村から連れられていきます。当時、「混血」の子どもたちは、基地の周辺だけでなく、田舎でくらしている子たちもいましたし、養子縁組で実際に海外へ移民した「混血児」たちもいました。当時の状況をリアルに描いた映画でした。

有吉佐和子さんの『非色《ひしょく》』（1964年）という小説は、「黒人」の米兵と出会い、結婚して子どもを産んだ笑子《えみこ》の物語です。日本での差別から逃れるためにアメリカに移住しますが、アメリカに渡ったあとに直面する黒人差別など、当時の状況が描かれています。

1964年に連載が始まった石ノ森章太郎のマンガ『サイボーグ009』の主人公、島村ジョーは、日本人の母と国籍不明の外国人の父との間に生まれた「混血児」です。身寄りがなくて、児童養護施設にいたけれど、施設を飛び出したときに警察につかまって、少

ボクらは強く生きる

夢を育てる混血児たち

夢は牧場主

芸能で身を立てたい

楽団のドラマー

運送屋さん

洋服屋さん

朝日新聞1967年2月13日　朝刊

年鑑別所《かんべつしょ》に入れられます。鑑別所から脱走したあと、ある組織につかまってサイボーグ化されてしまったという設定です。

1973年から連載が始まった『ブラック・ジャック』（手塚治虫作）では、主人公ブラック・ジャックの顔の一部分の皮膚の色が異なっています。ブラック・ジャックが子どものころに大怪我《おおけが》をしたとき、移植が必要な皮膚を親戚のだれも提供してくれず、唯一提供してくれたのが「僕の使っていいよ」と言ったタカシくんで、その子が「黒人系」の「混血児」という話になっています。

このほか森村誠一の推理小説『人間の証明』（1976年）も「黒人」のアメリカ軍人と「日本人」の母の間に生まれた「混血児」が題材として取り上げられています。村上龍の小説『限りなく透明に近いブルー』（1976年）は東京都福生《ふっさ》市にあるアメリカ軍横田基地近くの「米軍ハウス」を舞台にした話で、「ハーフ」の登場人物が出てきたりします。

――そんなにいっぱいあったんだね。

はい。1960年代になると、経済成長の中で欧米の文化が大量に輸入されるようになります。東京オリンピックが開催された64年には、白黒テレビの普及率が90％になってい

アメリカに対するイメージは、10～20年で「敵国」から「あこがれの対象」へと劇的に変わった

ました（カラーテレビは75年に90％）。まだ日本のテレビ局ではドラマはほとんど制作されていなかった時代で、『アイ・ラブ・ルーシー』や『奥さまは魔女』などのアメリカのホームドラマが全国のお茶の間で見られるようになっていました。そこに描かれていたアメリカの「白人」中産階級の働く夫と専業主婦的な家庭像があこがれの存在として社会の中に共有されていきました。

テレビドラマ以外にも雑誌や、ファッション、音楽、映画など、さまざまなものを通じてアメリカ文化が入り込んできて、アメリカに対するイメージはわずか10～20年のうちにかつての「敵国」から「あこがれの対象」へと劇的に塗《ぬ》り替《か》えられていきました。これは「混血児」たちと同世代の、戦後のベビーブームで生まれた人たちの影響が大きかったと思います。戦後に生まれた世代はこのころ若者になりましたが、他の世代に比べて人口が非常に多く、たくさんいる若者の間でアメリカ文化が流行《はや》ったので、さまざまな産業はそこに向けた商品をつくり、欧米的な価値観が社会の中に浸透していきました。

社会学者の我妻洋《わがつまひろし》さんと米山俊直《よねやまとしなお》さんがその状況を書いた文章です。

アメリカ文化との接触の、規模の大きさと影響力の強さとは、明治の文明開化とか、大正の舶来尊重などの比ではなかった。それは、〝接触〟などという生や

さしいものではなかった。アメリカ文化は、それこそ堰を切った水のように日本に流れ込み、日本を浸した。その水の上には、児童憲章からチューインガムに至るまで、アメリカ文化のあらゆる要素が、雑然と浮流していた。（中略）
　菓子や薬品のテレビ、雑誌、新聞の広告や、デパートの服飾品売場に、カタカナがあふれかえっていることも、日本人の嗜好全般の欧米化を示し、これも、性的美意識の欧米化と無縁ではないといえるのではないか。プルトップ（菓子）、ハイドリーム（ミシン）、チャームなチョコ（菓子）、アイ・アム・タフ（薬）、ハイファッション、イージーオーダー、シャーベット・トーン、クールタッチ、数えだしたらきりがない。（中略）外国語の名前の商品を、吸ったり、たべたり、飲んだり、着たり、はいたり、使ったりしている日本人の心の中に、知らず知らずに、自分たちの生活が多分に、（カタカナ的→外国語的→）〝西欧的〟であるという気分、何かその方が素敵で高級なのだといった気分が、生まれているのではないだろうか。

（『偏見の構造――日本人の人種観』日本放送出版協会、１９６７年）

ここで語られているのは、身につけるもの、食べるもの、着るものとかが西洋的なものになっていき、その価値観が内面化されていくという話です。

内面化ってどういうこと?

この場合は、欧米の「白人」中産階級の価値観が、思考や発想の中に深く入り込んで、そのことに気づかないくらい自分の考えに浸透していくということです。若者たちは、1950年代から、つぎつぎに欧米の文化やスタイルを取り入れていきました。身なりや立《た》ち居《い》振《ふ》る舞《ま》いまで変化させていったのです。

たとえば髪型に関しても、米兵の髪型が「GI《ジーアイ》カット」と言われて流行ったり、「ロックンロールの神様」と言われるエルビス・プレスリーが日本でも大人気となり、リーゼントも流行りました。『ローマの休日』(1954年日本初公開)が大ヒットしたオードリー・ヘプバーンの髪型を真似た「ヘップバーンカット」も流行しました。

1960年代に流行した「アイビールック」は、アメリカのエリート8大学を指す「アイビーリーグ」の学生ファッションを取り入れたものでしたし、イギリスの若者の間で流行った「モッズスタイル」は、ロックバンド「ビートルズ」と一緒に日本でも流行しました。67年にイギリスのモデルで女優のツイッギーが来日すると、ミニスカートブームが起きました。

そういう時代背景の中で、「混血ブーム」と呼ばれる現象が出てきます。雑誌『週刊現代』では、「入江美樹ら混血美女20人の家系」という出自をたどる特集が組まれています。入江美樹さんは当時すごく人気があった人です。その中には以下のように記されていました。

いま、芸能界、ファッション界は空前の混血娘ブームになっている。終戦直後にむすばれたカップルの〝愛の結晶〟が、いまや成長して混血の魅力をふりまいているわけだ。

（『週刊現代』1966年1月1日号）

また、次のようなことも書かれていました。

いま〝混血ブーム〟といわれますが、たしかに私たちファッション界にも驚くほど混血モデルはふえましたね。もちろん、それは日本の経験という一つの現実がもたらしたものと思います。あのころ生まれた子供たち、とくに混血児たちもモデルになれる年齢になったといえますが……それだけに、かつて混血モデルと

週刊現代

入江美樹ら混血美女20人の家系

〝日陰の子〟が金の卵になるまで……

あいつぐ〝国際結婚の破綻〟が報じられる一方、いま、芸能界、ファッション界は空前の混血娘ブームになっている。終戦直後にむすばれたカップルの〝愛の結晶〟が、いまや成長して混血の魅力をふりまいているわけだ。彼女たちの父母は〝純血〟を好む日本の伝統破壊の先覚者だったのだが、入江美樹を頂点とする彼女たちの身上調書を特集してみると——

モデルに国境はない……

〝戦争の落とし子〟の成長

『週刊現代』1966年1月1日号

めずらしがられた私にとっては、そこに〝時代〟を感じるんですよ……

（『週刊現代』1966年1月1日号よりヘレン・ヒギンズさんの言葉）

2020年代の今日も、「最近、ハーフの芸能人が増えた」「ハーフブームが起きている」と言われたりしますが、こういったブームと呼ばれる現象は、すでに50年以上前から言われていたということです。

ヘレン・ヒギンズさんは「混血ブーム」のはしりと言われていた

人です。「日本の経験」というのは、戦後の混血児問題を指しています。これらの雑誌で取り上げられているのは女性が多いことも特徴です。

少し年代がさかのぼりますが、1959年の月刊『平凡』の特集も紹介しましょう。「混血だって日本人よ…」というタイトルです。

ミッキー・カーティスさん、高橋恵美子さん、鰐淵《わにぶち》晴子さんと入江美樹さんの4人による対談です。高橋さんは『キクとイサム』のキク役の人です。記事の中には、「いじめられても住みよい国」と書いてあります。

――「いじめられても住みよい国」?

びっくりするようなコピーですよね。この特集の中で、高橋さんの経験が語られています。

小ちゃかったとき、お菓子も一人で買いに行けなっ《マ》たの《マ》。外へ出ればいじめられた。石ぶつけられたこともある。毛ひっぱられたこともあるんだ。だから、おばあちゃんがいつでも一緒にいてくれたの。(中略)よく、〝あんたどこの国の人〟

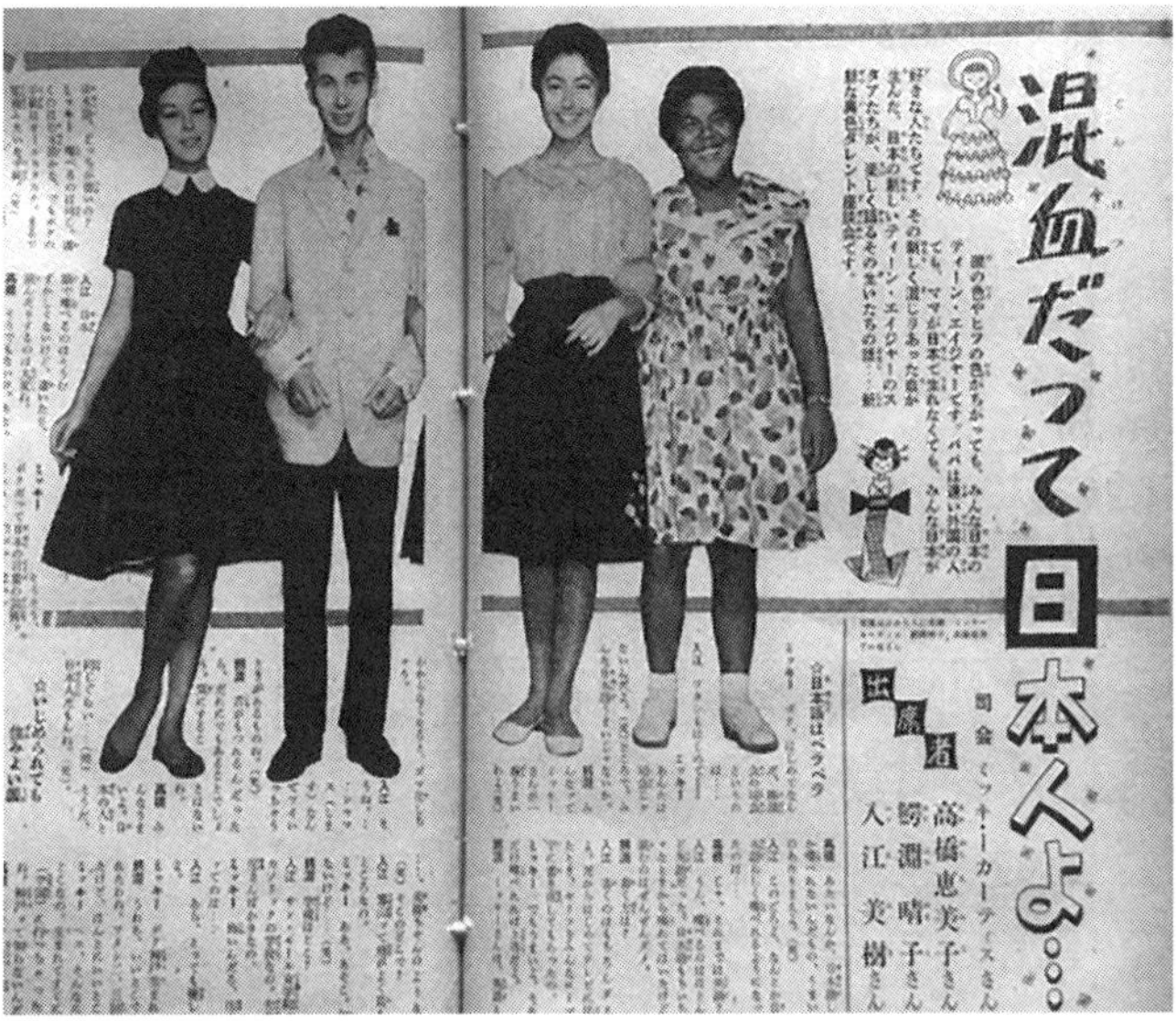

月刊『平凡』1959年11月号

って聞く人がいるのよね。他人のことなんだからそんなことどうでもいいのにね。（中略）あたい日本人だから、どこの国の人か知りません。（中略）ママとオスシ屋さんに行ったら「そちらの人、大丈夫ですか」っていうの。

1960年代くらいまでの記事の中には、「〝日陰《ひかげ》の子〟が金の卵になるまで……」とか「〝戦争の落とし子〟の成長」という表現が見られます。「混血タレント」として紹介する一方で、苦労した生い立ちや差別についても取り上げられていました。

それが変わっていったのは、１９７０年代に「ハーフ」という言葉が社会で広く流通するようになってからです。つぎの節でその話をします。

「ハーフ」をめぐる状況は、１９９０年代以降大きく変化します。

日本社会は少子高齢化が進んでいく中、前章でも触れたように、日本政府は不足する労働力を確保するためなどの理由で、90年に入管法を改正して「定住者」や「興行」という在留資格を増やして、外国からの人を受け入れ始めます。90年代には「定住者」の資格で南米ルーツの人たちが、「興行」の資格では多くのフィリピン女性が日本にやって来ました。また、日本政府はさまざまな経緯を経て「技能実習制度」もつくり、研修や実習という名目で多くの労働者を受け入れる制度をつくっていきました。

また、２００８年に政府は「留学生30万人計画」を公表し、２０１９年には「特定技能」という新しい資格を設けて、外国からの留学生や労働者の受け入れをさらに拡大していきます。このような日本政府の政策の結果、90年代以降、外国から日本に来てくらす移民の数は増えつづけています。

――どうして、政府はつぎつぎに外国の人の受け入れを増やすことをしているの？

少子高齢化が進み労働者人口が減っていることと、経済不況が長くつづいていることを背景に、労働力の受け入れ政策を拡充《かくじゅう》しているといえます。でも、実際に日本に来て働いている人は、「労働力」ではなく「人」です。2018年に望月優大《もちづきひろき》さんはつぎのように書いていています。

具体的な未来を想像してみよう。大きな話ではない。一人の人間の話である。新しい在留資格に基づいてとある東南アジアの国から来日した20代単身の男性外国人労働者。彼は関東近郊の建設会社で働くことになった。来日してから2年後、会社の先輩の紹介で知り合った日本国籍の女性と交際を開始。さらにその1年後には二人に子どもができ、幸せな気持ちとともに結婚することになった。

結婚すれば、彼は「日本人の配偶者等」という在留資格を得ることができる。それによって、彼は入国当初に政府によって想定されていたよりも長く日本にいることが可能になる。就労についても業種などの制限が外れるため、建設業界以外への転職が視野に入ってくる。

子どもが生まれれば、その子どもは父親の言語と日本語の両方を話すようになるだろう。地元の保育園や小学校に通ううちに、日本語が優勢になっていくことも十分考えられる。

父親についても、しかるべき期間ののちに永住権を得る、そして日本国籍へと帰化するといったシナリオも考えられる。

こういうことは、当然起きうるのだ。

(「日本政府はなぜ『移民政策ではない』という呪文を唱え続けるのか」『現代ビジネス』ウェブ記事、2018年6月14日より)


日本の中でさまざまな背景の人がくらしている以上、望月さんの言うことは、「当然起きうる」ことなのです。「ハーフ」や「ミックス」の子どもたちが生まれる背景の一つには、日本の政府の動きや戦後の日本史も関係しているということです。

こうした状況の結果、前章でもお話ししたような多様な背景の「ハーフ」や「ミックス」などと呼ばれる人々が日本にくらすようになりました。

2 「ハーフ」のイメージはどうやってつくられたの？

「ハーフ」という呼び方が広まったのは、1970年に「ゴールデン・ハーフ」というアイドルグループがデビューしてからと言われています。彼女たちは全員が「ハーフ」というふれ込みで、当時すごく流行っていた男性コントグループ、ドリフターズの『8時だヨ！全員集合』という番組に出たので、日本中で知られるようになりました。

彼女たちは、性的なイメージも強く結びつけられて売り出されました。『週刊サンケイ』にはつぎのように書かれています。

片言の日本語をあやつり、ゼスチュアたっぷりのお色気を振りまく、カワイ子ちゃんの混血娘四人。いま、ナベ・プロ売り出し中の『ゴールデン・ハーフ』である。混血といえば白い目で見られたのは昔の話。いまや、ハーフなら実力はおかまいなしに（?）売れる時代。なら、まとめてハーフばかりと、そろえられた彼女たち。

（『週刊サンケイ』1971年6月7日号）

――ひどい書き方。バカにしてる。

そうですね。1970年代になると日本は高度経済成長を果たして欧米化の時代に入り、社会全体が「戦後」という色合いではなくなりつつある中で、60年代の「混血児」の描かれ方と変わっていきます。60年代くらいまではふれられていた差別や貧困などのテーマをなるべく消したような形で、商品化されるようになっていきました。

――商品化？

「ゴールデン・ハーフ」についてのつぎのような書き方を見てください。

マスクはみんな可愛いし、カラダも上等。ロレツの回らないニホン語と、混血特有のお色気で、テレビ向けに申し分ない。

（『週刊明星』1971年12月5日号）

ゴールデン・ハーフ デビューシングルアルバム
グループは5人で結成されましたが、間もなく4人に

マスクというのは、顔のことです。このグループに関する記事が「商品」として「売れるように」するための企業側の戦略として、こういう表現がたくさん使われていくわけです。

――気持ち悪い。こんなふうに言い表すことで、商品化していくんだね……。

はい。こういった、「混血特有のお色気」などの表現でセクシュアルなイメージも付与され、そういった文言《もんごん》が宣伝文句として使われました。

企業の商品として、「ハーフ」のステレオタイプのイメージがつくり出され売り出されていったのです。

今でも「ハーフ」といえば白人女性が想定されがちだったり、「日本語があまり話せない」というイメージがあったり、軽いイメージや性的なまなざしで見られたりするのは、流行のきっかけとなった「ゴールデン・ハーフ」がそのようなイメージで商品化されたこと、その後もそのような「ハーフ」の商品化がつづいたことの影響が大きいと考えられます。

身体、生活、衣食の欧米化が進み、経済的にも豊かになった1960年代後半〜70年代には、「日本人論ブーム」も起きていました。欧米の文化が大量に消費され、諸外国とのかかわりも増える中、同時に「日本人とは何か？」という問いが積極的に求められるようになったと考えられます。『タテ社会の人間関係』（中根千枝、70年）とか、『日本人とユダヤ人』（イザヤ・ベンダサン、71年）とか、『「甘え」の構造』（土居健郎、71年）などの「日本人論」が出てきました。

大流行した「日本人論」の語り口は、「日本人は○○である」というメッセージが多く、多様なはずの「日本人」を単一のイメージとして決めつける傾向がありました。「日本人」を「単一民族」として表現する本もありました。たとえば、『タテ社会の人間関係』を著した中根千枝は以下のように述べています。

日本は単一民族というのは神話にすぎないと、学問水準では指摘されている

> 現在、世界で一つの国（すなわち「社会」）として、これほど強い単一性をもっている例は、ちょっとないのではないかと思われる。とにかく、現在の学問の水準でさかのぼれる限り、日本列島は圧倒的多数の同一民族によって占められ、基本的な文化を共有してきたことが明白である。（傍点筆者）

今では、歴史学や社会学などの「学問水準」ではすでに、多くの研究成果から、「日本は単一民族だというのは神話にすぎない」ということが指摘されていて、右記の中根のようなコメントが間違いであることが明らかとなっています。けれども、この時代には、「日本人」を単一民族として語る文章が多く、その中から「ハーフ」や「混血」の人々の存在は除外されていました。そしてこの「神話」を、今でも事実であるかのように錯覚《さっかく》して頑《かたく》なに信じている人もいます。

「ハーフ」は日本人論の中で語られる単一的な「日本人」概念から他者として排除されながら、その一方で欧米系の「白人」へのあこがれの象徴として積極的に商品化されました。１９６０年代後半から、カラーテレビ、クーラー、車（カー）は「新・三種の神器」とか「３Ｃ」と呼ばれ、新しい生活に欠かせないものとされていきましたが、「ハーフ」

もこれらのCMや広告でたくさん起用されました。「ハーフ」の女性が性的に商品化されただけでなく、男性も含めた「ハーフ」が大量消費時代のイメージの一部として使われていったのです。

商品化の中で使用される「ハーフ」のイメージは、購買意欲をかりたてるための記号として用いられます。商品を多く売るために企業側は「良い」「明るい」イメージを必要とします。そのため、かれらの人生の経験や差別の実態は隠されていきました。

――「ハーフ」というと、なんとなく「良い」「カッコいい」というイメージがあるのはそのせいなんだね……。

そうですね。「ハーフ」という言葉が流行り始めてから、すでに半世紀以上も経っています。長い期間、商品化された「ハーフ」のイメージがつくられつづけて、その現実とかけ離れたイメージが逆に現実に影響をおよぼしています。社会の深いところや人々の発想にまで影響を与えるくらいのインパクトあるイメージになってしまっていると思います。

1970年に『an・an』、75年に『JJ』、83年に『ViVi』と、女性向けのファッション雑誌が創刊されます。これらの雑誌には、白人系のハーフの女性が多く取り上げら

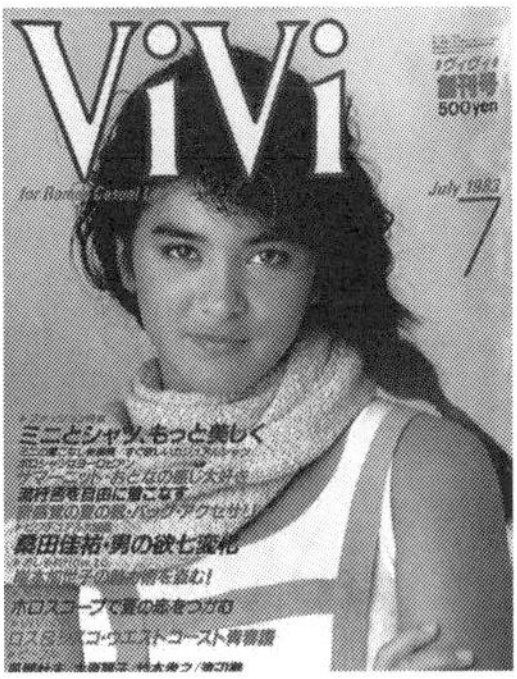

『ViVi』創刊号1983年7月号

『JJ』創刊号1975年6月号

れてきました。当時の価値観として白人系の女性を美のモデル的なものとして想定していたことが如実に現れています。

１９８０年代も、企業とメディアによる商品化の中でつくられたイメージが繰り返されました。人気だったマリアンさんの記事にはつぎのようなことが書かれています。

> ハーフ特有の愛くるしいマスクと舌っ足らずの日本語が魅力をいっそう際立たせて、マリアン自身の人気もこのところ急上昇、ファンレターが日に15〜16通といっきに増えた。
>
> （『週刊ＨＥＩＢＯＮ』１９８４年１月12日・１月19日合併号）

マリアンさんの〝個人の特徴〟として「愛くるしいマスク」「舌っ足らず」と言われるのではなく、「ハーフ特有」と書かれてしまっています。つまり、こういった文章によって、「ハーフ」のイメージが一方的に決めつけられていくということです。このイメージからは、日本語を母語にする人たちは見えなくされています。現実は多様なのに、「ハーフ特有」とすることで、あたかもみんながそういう特徴を持っているかのように書かれています。

そういう一面的なイメージづくりが雑誌やテレビで積み重なることによって、今でも「ハーフ」が「日本語上手ですね」と言われるということにつながっています。単なるイメージで終わらず、現実に影響をおよぼしているということですよね。

さらにこの雑誌では、「羽子板《はごいた》好きよ、やったことないけど」とか、「正座も私できるわ」とか「最近はお茶習ってる」ということをマリアンさんが言っていて、記者が「日本人よりも日本人らしいマリアン」とまとめています。

――あ、これも「日本人じゃない」が前提になってない？

はい。「日本人よりも日本人らしい」ということは、「日本人ではないけれど」という暗《あん》黙《もく》のメッセージが前提になっています。そうして、より一層「日本人ではないもの」として描かれていってしまいます。

１９８９年に朝日新聞に掲載された、埼玉県にくらす当時40代だった女性の投書を紹介します。そこには「混血児」から「ハーフ」への意味づけや、イメージの変化を示すようなことが書かれています。

私は混血児として終戦後生まれました。「あいのこ」という言葉がいつも私の胸に突きささって、悲しい思いをしてきました。

（中略）私が中学生のころ、芸能界やスポーツ界に混血の子が多く出てきました。すると、「あいのこ」はいつしか「ハーフ」と呼ばれ、いじめられていた私が、今度はうらやましがられるようになりました。でも、私はこの変化を決して喜べませんでした。人の心なんてあてにならないと、心に強く刻みました。

高校生のとき、私にラブレターをよこした男の子がいました。その子は小学生のとき、私を「あいのこ」と言ってはやしたてた子です。相手は忘れていても、私は忘れていません。屈辱《くつじょく》の記憶は心の奥深く、消えることはありません。

戦後から数十年にわたって、いじめられていた対象からあこがれへと、社会におけるイメージが変化していますが、その間も一人の人間の生活や人生はつづいています。たった10年20年で、人々の発想とか思考とか立ち居振る舞いとかががらりと変わっても、自分の人生はつづき、成長して年を重ねていきます。変化した人々の心なんてあてにならないというメッセージが伝わってきます。

また、「ハーフ」や「混血」について、欧米ばかりのイメージと結びつけられている当時の状況について語った李定次さんの文章を見ていきたいと思います。李さんは「朝鮮人」のお父さんと「日本人」のお母さんの間に生まれました。父親に対して反感を持ちつつも、大学生時代に在日コリアンの学生運動に参加し、次第に民族運動に身を投じていくこととなります。しかし、これらの活動のなかで頻繁《ひんぱん》に聞かれる「朝鮮の方ですか」という問いかけに対し、「果たして私は何者なのだろうか、私は何人《なにじん》なのだろうか」と思い悩むようになっていたといい、その中で出会った言葉が「混血」であったといいます。

ハーフ、とか、混血とかは、今までヨーロッパ人とか、アメリカ人とかとの子供を指していたみたいだ。だから俺は、いつまでたっても日本人か、朝鮮人かのどちらかで呼ばれて来た。それに、朝鮮人からは、パンチョッパリと呼ばれ、日

社会のイメージが変化しても
一人の人間の人生はつづいている

本人からは朝鮮人と呼ばれて、どちらからもつまはじきだ。それならば、いっそ自分はどちらでもない、混血と呼んでやれ。

（「『朝・日』混血として」『思想の科学 第6次』1974年収録）

パンチョッパリとは、「半分日本人」というような意味の蔑称《べっしょう》です。李さんは、日本人からも朝鮮人からも排除され、さらに、当時欧米との子どもたちに対して使用されることが多かった「ハーフ」や「混血」という言葉からも見えない存在とされてきたという三重の葛藤を経験していました。その三つの方向からの抑圧に対する返しとして、李さんは「混血と呼んでやれ」と自らのアイデンティティを宣言したのです。

――まわりからの目線に対して、自分のアイデンティティは「混血なんだ」って宣言したんだね……。自分自身がどう思うか、という意見を伝えることはとても大切だと思った。

1970年代以降、テレビや雑誌、広告などで、「ハーフ」のイメージが大量に拡散されてきましたが、かれらをめぐる社会の問題を指摘するような発信はあまりありませんでした。こうして、今でもつづく「ハーフ」のイメージが定着していったのです。

それが2000年代になると、変わり始めます。1990年代以降、いろいろな国からたくさんの人が来日して、それにともなってさまざまなルーツを持つ「ハーフ」や「ミックス」の人たちが10代になるころで、少しずつ本人たちによる個人的経験や社会問題に関する発信が増えてきました。個人が身近な経験をSNSでシェアしたり、芸能人やタレントの発信も増えました。

お笑い芸人のアントニーさんは、『アイアムジャパニーズ　これがハーフ芸人の生きる道』（ワニブックス、2015年）というタイトルの本の中でこんなふうに書いています。

かくゆう僕も、アフリカ系アメリカ人の父と、日本人の母に生まれたハーフ。でも、みなさんが思うハーフのイメージに何ひとつ当てはまっていない！　いわゆる「ニュータイプのハーフ像」がこの僕なのだ。
ハーフっていえば、誰もがそういう華々しい人だと思わないでほしい。僕みたいに英語もしゃべれず、見た目も残念で、お世辞にも金持ちじゃないハーフもいるのだから。（中略）
僕は日本人だ。日本で生まれて、日本で育ってきた。友だちと遊んで、両親とケンカして、勉強をさぼって、スポーツに夢中になって、芸人になることを決めてコンビを組んだ。僕と同じぐらいの年齢の普通の日本人が育ってきたのと何ら変わりなく、僕も日本で育ってきた。

社会でつくられた「ハーフ」のイメージとは違って、自分自身はこういう経験をしてきたんだ、というメッセージを発信すると同時に、「ハーフ」であることと「日本人」であることを重ねながら語っています。

俳優の城田優さん（1985年生まれ）は、インタビューでつぎのように話しています。

僕の学生時代はクラスに1人だったけど、いまは1クラスに3人、4人いる時代ですよね。それなのに、日本のドラマで外国の人はほぼ出ていないじゃないですか。みなさん海外のドラマ見てください、アジア系の人もアフリカ系の人も3人ぐらいいますよ。日本のドラマでも違う国の人がいていいし、学園ドラマにハーフが3人ぐらいいてもいいわけですよ。むしろもっといてもいいぐらい。僕がデビューして10年以上経ちますが、ハーフの俳優はなかなか出てこないし、それだけ日本はガラパゴスなんだなと思います。いまでも扱いづらいと思われていて、僕は本当に異分子だった。偶然と奇跡が切り開いた道を進んできていまここにいるんです。だからこそ、後に続いてくる子たちを「こっちだよ」って引っ張ってあげたいんですよね。

（AERA dot.「城田優が語る、大坂なおみ選手の国籍問題で『ズルい』と差別を感じた理由」2018年10月18日）

私も、「ハーフ」を研究する社会学者のケイン樹里安《じゅりあん》さん、アート関連のイベント企画などを担当するセシリア久子さんとともに、「ハーフ」や海外ルーツの人々の情報発信サイトの「HAFU　TALK」を2018年に始めました。サイトでは、「地球の反対側、ボリビアから日本へ来たわたし」「うつ病と診断された私が『ハーフ顔』という表現に抗議をした理由」「『大事なものが〝無い〟っていうことに、人は気づけないんですよね』海外ルーツの患者さんと向き合う精神科医」など多数のコラムを掲載しています。

新聞やテレビ、ウェブなどでさまざまな発信が少しずつ増えてきて、直面する問題が社会で認識され始めたところです。

杉本寛樹《ひろき》さん

高校生の杉本寛樹さんからは、移動、名前、国籍、アイデンティティ、そして両親や祖父母、ひいおばあさんの経験などについて話を聞きました。

――生い立ちやこれまでの経験について教えていただけますか?

父親が外国人なんですけど、うちの家族は複雑で、お母さんは日本人で大学生になったころに留学でアメリカに行くんですよ。カリフォルニア州サンフランシスコなんですけど、そこでうちの親父と出会って、結婚して、おれが生まれたという感じで。それで、うちの父親はアメリカ人じゃないんですよ。韓国人なんです。父側のおじいちゃんおばあちゃんが韓国人で、韓国からブラジルに行くんですよ。そこでうちのお父さんが生まれます。父の国籍はブラジルと韓国の両方です。おれは、アメリカで生まれたので、アメリカと韓国とブラジルと日本がからんできちゃうんです。

4歳までアメリカに住んでたんですけど、母方の日本にいるおじいちゃんが病気になって、それで日本に来るんですよ。余命が、というのもあって。それから日本に住むようになりました。もともとアメリカでも日本語とか、日本のことについて学ぶような幼稚園に通ってたのですよ。4歳からこっちに来てずっと日本語なので、英語もぜんぜんしゃべれなくなっちゃったんですけど。その当時は日本語と英語の両方話せたみたいです。

そのあとは、とくに何も面白いことはないですね。普通に幼稚園に行って、小学校に行って、小学校4年生のころにブラジルに引っ越すんですよね。これ、3カ月しか住んでなかったんですけど。お父さんの転勤でブラジルに住むことになりまして。結局、おれとお母さんがブラジルの生活に耐えられなくなって、日本帰りたいってなって帰りました。ブラジルにも一応、親戚がいて、あっちに住んだときにたまに会ったりしました。お父さんの親戚がアメリカとブラジルにいるんです。

——お父さんのおじいちゃん・おばあちゃんは……。

おじいちゃん・おばあちゃんはアメリカですね。お父さんの家族がみんなアメリカに来て。そのあとは、たまにアメリカに連れていかれる、というか、お父さんの親戚やおばあちゃんに会いに行ったりしました。ここ2、3年は行ってないですけど。そのあとは普通に生きてたら、今に至ります。

親戚の中でも言葉の壁っていうのを目の当たりにする機会っていうのが多くて。アメリカに行くと、親戚とか「Hey!」みたいな感じで来ても、お、おうって感じで（笑）。言葉の壁があっても、相手がどう思いながら、おれにどういう気持ちを持って接してるのかっていうのがなんとなくわかるじゃないですか。たとえば、元気よく挨拶《あいさつ》してくれたら、好意を持ってくれてるっていうのがあるじゃないですか。その好意に応えられないっていうのが、けっこう心にきますね。相手も、伝わってるのかわからないと思いながら話してくれてるから、ちゃんと好意に応えられなくても、なんだこいつとは思わないんでしょうけど、それでもやっぱり、心にきますね。久しぶりに会えて嬉しいんだけど……みたいな。

名前も日本の名前と、ミドルネームがついている名前の二つがあるんです。日本でいじめられないようにと母親が日本の名前をつけてくれました。名前の話をしてて改めて思ったんですけど、ほとんど日本人のように生きてるから、海外にまつわる話はこれぐらいですね。

お父さん側のひいおばあちゃんがまだ生きてるんですよ。それで、朝鮮併合《へいごう》の時代で、日本の教育を、植民地の時代に、ハングル禁止の時代に生きてた人なんで、日本語しゃべれる人なんですよ。今はひいおばあちゃんはアメリカにいるんですけど。それでアメリカに行くと、みんな韓国語で話してるんですけど、おれにだけ日本語で話しかけてくれるんですよ。ちゃんとした日本語がしゃべれるんですよ。96歳とか。こういう歴史の授業を学校で受けて、そのときに、「あぁ、だからひいおばあちゃん、日本語しゃべれるんだ」ってわかったんですよ。

（海外のルーツについては）「おまえ、ほんとかよ」みたいな。この見た目なんで。だって、「アメリカ人」って言っても、「日系人？」って思われたりとか。自己紹介するときとかも、別に「ハーフだ」とか言わないんで。普通に、「杉本っていいます」、みたいな感じで。

でも、1回、外国人としてじゃないですけど、その立場で自己紹介を日本ですることがあって。それが、おれ、小学校4年生のとき、ブラジルに引っ越してまた帰ってきて、同じ日本の小学校に5年生から通うことになるんですけど。1回やめてまた入ってきたんで、転入生の扱いになっていたらしくて。「みんなおれのこと知ってるし、大丈夫じゃないですか」という感じだったんですけど、「自己紹介しろ」ってなって。

「どこどこから来たか、っていうのと、名前をよろしくね」って言われて。おれはどこから来た人って言うべきなんだろう……って。結局、おれはブラジルって言うんですけど、「おまえ、絶対嘘《うそ》だろ」って言われて。逆に、嘘でブラジルって言うやついないと思うんですけど（笑）。ブラジルから来た人として自己紹介をして。全員がおれのこと知ってるわけじゃないじゃないですか。おれのこと知らなかった人は、おれのことブラジルから来た人と思ってるんですよ、ずっと。朝礼で、全校生徒の前で自己紹介しなきゃいけないので。

「ハーフ」の立場でも、なんていうんですかね、「純粋な○○人」と言えない立場でも、偏見持たれないような社会になったらいいなとは思いますね。

清水紗織里《さおり》さん

現在、海外で子育てをして生活する紗織里さんから、社会のイメージとの葛藤や自分のルーツと出会っていくお話を聞きました。

――生い立ちについて教えていただけますか？

母がフィリピン人で、父が日本人で、生まれてからもずっと日本だったんですけど、お父さんが長期で海外出張が多い人だったので、そういうときには母と一緒にフィリピンのおばあちゃんの家に行ったりしてました。日本にいるときの母って、よく怒ってたような気がしてて。記憶の中で。でも、フィリピンでおばあちゃんとか親戚とかと一緒にいるときは、すごく母も穏やかそうだし、まわりに人もいるし、なんか安心感があったというか、幸せな時間だったたっていう記憶があるんですね。

私は小学生ぐらいになると、だんだん自分が違うっていうか疎外《そがい》感を感じるようになってきちゃったんですよね。1回、友だちとケンカしちゃったときに、お互い手が出るようなケンカになっちゃったんですよね。私も殴《なぐ》られたのに、私だけ「外国の血が入ってるから乱暴なんだよね」みたいな感じで、大人の人に言われたんですよね。それがすっごいショックで。外国の血が入ってるから乱暴ってなんなんだろう……って、自分の中ですごく考えて。親が外国人だとなんか違うのかな、いけないのかなって、それまでは一緒だと思ってたのに。あと、友だちと遊ぼうってなっても、「紗織里ちゃん家《ち》はお母さんが外国人だから、日本語が上手じゃないから、遊べない」とか、よくわからないことを言われたり。

そういう細かいところからだんだん、なんでハーフなんだろう、なんでみんなと一緒じゃないんだろうっていう気持ちが強くなってきて。違うクラスに、同じフィリピンハーフの子がいて。その子は肌の色が黒かったんですよね。やっぱり、見た目とか肌の色でいじめられちゃったりしてて。私は同じフィリピンのハーフということもあり、その子とはけっこう仲良くしてたんですけど、その子がいじめられてるのを見て、ハーフってイヤだし、普通になりたいし、もうハーフって言うのはやめようかなって思っちゃって。そんな感じでだんだん。そのぐらいから、隠そうって思ってしまって、いじめられたくなかったので。

さらに大きくなると、テレビなどの影響で、悪いイメージでフィリピンが出てきたり、ネタにされたりしちゃって。そういうのは傷つく。ハーフだって言いたくない原因になったり。実際、フィリピン人のお母さんだと、「お母さん、水商売なの?」と聞かれることもあって。そういうのもあって、自分のルーツを絶対言いたくないって思ってましたね。

母親の出身国であるフィリピンのイメージが悪くなってるのがイヤで、それが悩みです。ハーフっていうと、やっぱりみんながイメージするのって欧米の国だったりするじゃないですか。そういうのもムカつくなって子どもながらに思ってて。いろんなハーフがいるのに、なんで欧米のハーフはすごい良いイメージになってるのに、フィリピンとかアジアのハーフはダメなの? なんで悪いイメージになっちゃうんだろう、ってすごく疑問だったし、イラついてましたね。

それが原動力っていうほどでもないけど、私は絶対普通になるし、普通以上になるし、バカにされたくないから勉強とか運動とかも人並み以上にやれるようにがんばろうってなって、すごいいろんな面で努力してたんですよね。でもそれって、自分がやりたいからそうするっていうよりは、なめられたくないから、まわりに評価されるだろうことばかりに全力を尽くしてきたんで。そうじゃないと、自分は社会に受け入れてもらえないような気がしてて。

中高生のころって勉強ばかりしてました。負けたくないって思ってて。何に負けたくないのかわからないんですけど。自分がしっかりしたら、フィリピンのハーフだろうとなんだろうと認められる気がしていたので。

塾とか勉強とか部活とかが日本の学校ってすごく忙しいじゃないですか。そこから外れちゃうと置いてけぼりになっちゃうんじゃないかっていうのがすごくあって。それでけっこう無理した生活をしてたら、風邪《かぜ》をこじらせて気管支炎みたいになってしまったことがあって、2週間ぐらい学校に行けなかったことがあったんですよね、高校生のときに。それで勉強が遅れて、回らなくなってしまって。成績も上のほうだったのに、落ちてしまって、自分の中でパニックになってしまったんですよね。このままじゃヤバイって思って。それでより勉強するようになったんだけど、勉強がやめられなくなっちゃって……。取り戻さなきゃっていう気持ちで。

そうしたら、今度は学校に行く途中で、過呼吸になって倒れちゃったんですよ。強迫性障害《きょうはく》だっていうふうに言われて。学校に行こうとすると、そうやって倒れちゃうっていうのがつづいて、だんだん学校にも行けなくなっちゃって。学校のテストとかも苦しくなりながらも絶対受けに行って、なんとか卒業できたという感じだったんですけど。

大学時代、自分がハーフとしてどうだったっていうのは、とくにぜんぜん思い出せなくて。とにかく、どうやったら社会で認められるかとか、普通ってなんだろうとか、まわりと同じであることが大事なのかなとか。人と同じであることが重要でしたね、そのころは。大人から言われることだったり、マニュアルだったりとか、そのとおりにやることに必死で。

そうやって過ごしてきたら、就活で突然、「あなたはどんな人ですか?」って言われても、本当にわからなくなっちゃったんですよ、そこで。私、完全に4年間間違えたと思いました、そのときに。やっぱり自分とハーフっていうのって切り離せないはずだったのに、ずっと無視して生きてきて、何も言えなくなっちゃいますよね。うん。そういうことに気づいちゃって。

そこからなんとか、日系の専門商社に就職して。それで無事オッケーというわけでもなくて、自分のルーツとかを無視してきたけど、ちゃんと向き合わなきゃいけないんじゃないかなって、社会人になって今度はそういう思いが芽生えてきて。また英語を勉強し始めて、フィリピン人の家族とまた交流するようになったんです。

なぜか、交流するのも久々なのに、すっごくフィリピンがあったかい場所だったんですよね、自分が小さかったころと同じで。安心感があって、ぜんぜん変わらない場所で。それを恥ずかしいって思ってた自分が恥ずかしいなって、心底思って。こういうふうに自分と同じ悩みを持ってるハーフの子って絶対いるよなって思うようになって。そういうハーフの子たちのサポートとかなにかできないかなって思うようになって。母の友だちのフィリピン人のママさんの手伝いで、ハーフの子どもと遊んだりとか、ケアをするようになって。接していくうちにいろいろ見えてきて。もしかしたら、自分もそうだったのかもって思うようにもなって。

ハーフといってもそれぞれの家庭環境で経験もぜんぜん違ってきますよね。私みたいにハーフを前面に出す人生じゃない人もいるし。日本社会にひっそり埋もれてるようなハーフもいますよってことをお話しできたらと思って。そういう生き方も別に悪くないので。自分が幸せであることがいちばんだと思いますから。一人一人が自由に生きれる社会っていうのが保障されることが大事ですよね。

朴《ぱく》知《ち》佐《さ》さん

知佐さんは長野県出身で、祖母が在日コリアン一世、母親が二世にあたります。両親は離婚していて、インタビュー時点では祖母と母と三世代でくらしていました。

――在日のコミュニティとのかかわりについて教えていただけますか？

私最近いろいろ、気分がイヤになることがあって。なんでかというと、パパは私が小さいころからいないのに、なぜかハーフで。でも民団（在日本大韓民国民団）には入っていて。民団に行くと、ほぼ在日の子ばっかりで。その中にいる自分がすごく苦しいときがあるんだよね。まあ在日の集まりで「在日だよね？」とは聞かれないけど。自分からは言わなくてもいいから、なんだか嘘ついてる気持ちになるんだよね。

どこ行っても、浮いてる気持ちがしていて。ヘンな葛藤があるというか、すごくすっきりしなくて、なにをしていても。国籍は日本だから、「じゃあ日本人じゃん」って言われても、なんだか納得がいかなくて。「でも私、日本人の父に育ててもらってない」って。でもそんなこと意地をはって言うことでもないとも思っていて……。だから本当、私こそ自分を証明するものがないって最近思ってる。

親は「在日です」って言い切れるけど、私はハーフで、お父さんはいないから、なんかその人のことを話したくもないし。でも、在日とも違うし、みたいな。どこに行ってもなんだか肩身がせまくて。なんかストレスっていうか。だから、どこ行っても、「何人《なにじん》?」扱いだから。嘘つきたくないから、言っちゃったほうが楽なんだけど、そしたら私がその中で外れていくようになっちゃうから。

――普段、周囲の人から聞かれて違和感があることありますか?

「(日本と韓国が領有権を主張している)竹島問題どう思う?」とかは聞かれるかな。「えー、ハーフなんでしょ、竹島問題どう思う?」とか。「えーそういうのどう思ってるの? どう反応するの?」とか「サッカーどっち応援するの?」とか。それって、どっちって言ってもいい気分にはならないんだよね。

それで、「サッカーは韓国かな」って言うと、「えーなんで日本応援しないの、日本にいるのに」って。じゃあ言っちゃいけないみたいじゃん、聞いといて。

あと、私はけっこうガサツだからか、几帳《きちょう》面《めん》な子に「だから韓国人嫌いなんだよ」って言われたことがあって。なんで私はそんなこと言われなきゃいけないの? じゃあなにをすれば受け入れてもらえるの? って思って。どこの人って認めてもらえるの? って。なんか、そういうこといろいろ言われて、積み重なっていって……。みんな遠慮ないんだよね。私、自分でもわからなくて、どういうふうに生きれば、どっちの国って認められるのかな。

第4章

「当たり前を問い直す」って
どういうこと?

1 差別ってなんだろう?

——「ハーフ」や「ミックス」の人たちのいろんなつらい経験を聞いたけど、それが差別なの?

なにが差別なのか改めて考えるにあたって、どういうことが「差別」だと思いますか?

——公平じゃないこととか、「ハーフ」だからといっていじめられたりすることかな?

そうですね。「差別」には、性的差別や人種的差別などさまざまなものがあります。人種的差別を例にとると、日本も加入している人種差別撤廃《てっぱい》条約(あらゆる形態の人種差別の撤廃に関する国際条約)の第一条には以下のように定義されています。

この条約において「人種差別」とは、人種、皮膚の色、世系又は民族的若《も》しくは種族的出身に基づくあらゆる区別、排除、制限又は優先であって、政治的、経済的、社会的、文化的その他のあらゆる公的生活の分野における平等の立場での人権及び基本的自由を認識し、享有し又は行使することを妨げ又は害する目的又は効果を有するものをいう。

まとめると、人種的差別（Racial Discrimination）とは民族的・人種的な出自をもとに、平等の状態を妨害したり損なうこと、と言えます。インターセクショナリティの説明でも話しましたが、現代の社会はさまざまな要素において差別が存在していて、それはときに交差し重なり合っていきます。差別があるという現実は、人々の置かれた立場が平等の状態ではないということを示しています。

――そもそも社会の中での立場に差があるってこと？

そうです。同じ社会で生きていても、ある人はなんの問題もなく「普通」にくらせても、一方の人はさまざまな場面で問題を経験する、というのが現況です。これまでに私が聞いた実際の経験についてお話しします。

たとえば、日本国籍であっても不動産屋さんに入ったとたんに、外見だけでお店の人から「ガイジンお断り」と言われて家を借りることができなかった人がいました。また、アルバイトの面接で、「黒人は雇《やと》えない」「企業のイメージが悪くなる」といった差別的な発言を受けた経験を話してくれた人もいました。こういう経験はめずらしくありません。

最近聞いた話では、就職活動中だった日本国籍の女性が、正社員の求人で、年齢、性別に関係なく、「だれでもチャレンジできる」という募集要項を見つけて応募したのですが、名前に海外ルーツのカタカナが入っていたというただそれだけの理由で、「外国人は募集していません」と頭ごなしに断られたそうです。

――そんなことがあるんだ……。

たとえ日本国籍であったとしても、外見や名前など外国につながる要素から差別的な扱いをされる場合があるのです。もちろん外国籍という理由で断られても仕方ない、ということではありません。先ほどの定義に戻れば、その国の国籍があるかどうかにかかわらず、

日本国籍でも外見や名前などから差別的な扱いをされることがある

これらの行為はすべて人種的差別です。第2章でもお話ししましたが、警察による職務質問において差別を受けた経験がある人も少なくありません。父親がアフリカ系アメリカ人である原聡《はらさとし》さんは、都市部の駅前で大勢の人が歩いているにもかかわらず、道端で警察官が狙ったかのように自分だけに声をかけてきて、職務質問をされた経験を話してくれました。

第1章でも紹介したネルソン・ルイス亨さんは、服装も普通で挙動不審《きょどうふしん》でもなかったのに、昼間に道を歩いていただけで警察官に、いきなり「きみ、（外国人）登録証見せなさい」と言われたそうです。亨さんは日本国籍ですが、いくら「日本人です」と言ってもまったく信じてもらえなかったといいます。外国籍ではないので外国人登録証（現在は在留カードといいます）を持っていないのは当然なのに、携帯義務違反を疑われつづけました。亨さんのお母さんが、偶然その現場を目撃して、「その子は日本人なので登録証は持っていません」と言うまで解放されなかったそうです。

また、バングラデシュ出身の父と日本出身の母との間に生まれた近藤太一さんは大学生のころ、図書館へ勉強しに行く途中で警察官に取り囲まれました。日本国籍だと言っても、「危ないものを持ってないか調べる」と言われ、人前で持ちものをすべて広げさせられて荷物検査をされたといいます。

――ひどくない？

ひどいですよね。大学の授業でこのことにふれると、同じような境遇の「ハーフ」や「ミックス」の学生だけではなく留学生たちも、同じような経験を授業のあとに集めるコメントペーパーに書いてくることがしばしばあります。

先ほどの聡さんは現在60代ですが、少年のころから高齢になる現在まで幾度となく道端で警察官に声をかけられてきたそうです。「自分がもし日本人らしい顔だったら、こんなに警察に呼び止められることもなく、普通に道も歩けるのに」と語ってました。

「普通に道を歩く」という行為は、日本社会の一部の人にとっては「当たり前」ではありません。職務質問をするということは、その人が犯罪にかかわったか、犯罪にかかわりそうだと判断しているということです。あなたは警察に何度も声をかけられず、荷物検査もされず、潜在的な犯罪者という疑いもかけられずに普通に道を歩くことができますか？もしそれができるなら、それは社会の中のある「特権」を持っているからであって、それはすべての人に共通する現実ではないということです。

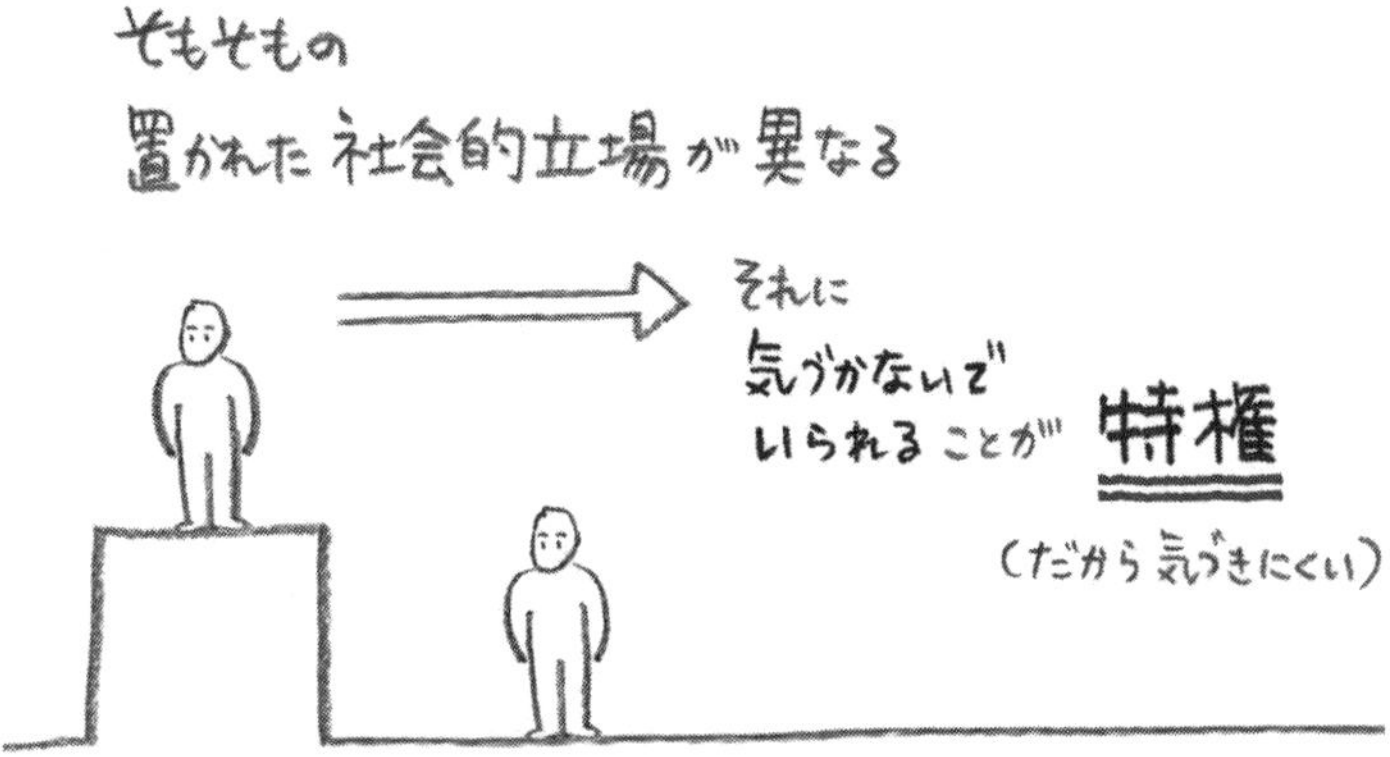
そもそもの
置かれた社会的立場が異なる
それに
気づかないで
いられることが
特権
(だから気づきにくい)

――普通に道を歩くことだけでも、「特権」がある人とそうではない人がいるって、考えたことなかった。

はい。普通に道を歩ける人は、それが当たり前と思いがちです。でも、その「普通」はすべての人に共通する現実ではないということです。自分自身の優位性や特権に気づきにくいのは、自分がその問題にさらされずに済んでいるからです。

ということは、特権を持たない人がいることにも気づきにくいわけで、それも、現実にある差別があまり知られていないことの一つの理由になっています。

また、差別を否定する、差別を差別と認めない、ということも起きています。

テレビなどのメディアや、ツイッターやインスタグラムなどのSNSではとくに、今でも人種差別的な言葉や、人種的・民族的な違いを理由に遠回しに攻撃したり、見下すような言動が繰り返されています。そうした中、差別にあった人が「自分は差別を経験した」という個人的な経験をSNSに投稿すれば、たちまち「それは差別ではない」「そう言うなら日本から出ていけ」「がまんしろ」といった攻撃にさらされることもあります。

「セカンドレイプ」や「二次被害」という言葉を聞いたことがありますか? セクハラや痴漢《ちかん》、レイプなど性暴力にあった被害者に対して、被害を思い出させるような言葉をかけたり、「被害にあったのは被害者にも責任がある」とか、「たいしたことじゃない」ということを言ったりすることです。性的な被害にあって苦しんでいる被害者に、追い打ちをかけ、さらに苦しめる加害行為なので、このように呼ばれています。

「ハーフ」などと呼ばれる人たちにも同じようなことが起きています。第一段階として、これまで話したように日常生活で直接経験するものが一次的な人種差別で、二次的な人種差別は間接的に経験するものです。ネット上で「ハーフ」などについての差別的な発言を目にすることは二次被害になります。間接的であっても、精神的なダメージは大きいのです。このような二次被害もとても深刻になっていて、「セカンドレイプ」と同じような被害であることから、「セカンドレイシズム」とも呼べるかもしれません。「レイシズム」と

SNSで自分が経験した差別を投稿すると攻撃されることもある

は「人種主義」＝「人種差別主義」のことです。

――インターネットって、傷つくこともたくさん書かれてるから怖い。

そうですね。ＳＮＳなどのソーシャルメディア空間では、だれもが自分の経験をシェアしたり、情報や意見を発信することができるとも言われます。けれども、性的な被害や、差別の経験などを発信すると、内容によっては、ものすごい数の否定する反応や攻撃を受けてしまうのが現実です。いわば、24時間、いつでも見ず知らずの人から突然〝石〟を投げつけられる可能性があるようなものです。現実には、そういった二次被害を恐れて発言できない人や、発言しないようにしている人もいて、だれもが「安全」で、「自由」に発信したり、ほかの人の投稿を読んだりできる環境ではなくなっています。

そんな環境では、自分自身の経験であるはずの差別の現実についてますます発言しにくくなるばかりか、その現実が〝ないこと〟にされてしまいかねません。

――そういう現実があまり知られていないのはどうしてかな？

さまざまな理由があると思いますが、その一つに、「人種差別」というと、日本国籍の人が外国籍の人に対して差別をするものだと思われている面があります。「ハーフ」や「ミックス」の人々は日本国籍の人も多いですが、「国籍が日本だったら、同じ日本人なので問題ない、人種差別も起きない」と思われてしまうことがあるのです。

もちろん、国籍を理由にした差別も存在しています。たとえば、数世代にわたって日本にくらす人であっても、日本国籍がなければ選挙で投票したり、立候補する権利がないなど、法的（公的）に制限されることがあります。また、法律上の差別以外でも、就職するときに外国籍だと採用されなかったり、結婚しようとしてもまわりの人から反対されるなど、私的な領域でも排除が存在します。

けれども、現実には人種差別＝国籍差別だけではありません。たとえ日本国籍があっても、日常生活で人種的差別を経験することはこれまでお話ししたとおりです。日本国籍者同士であっても人種的差別は存在しています。

法務省が委託した『外国人住民調査報告書』（２０１７年）があります。その中の、不動産の入居差別の統計では、「外国人であることを理由に入居を断られた」ことがあると回答した人は39・3％でした。約4割が断られており、かなり深刻な外国人差別があることがわかります。一方、国籍が日本の「ハーフ」の人にも、「ガイジンお断り」と言われて入居できなかった人もいます。でも、そういう差別の現状は国籍をベースにしたこの統計には含まれません。日本国籍がある人も人種的差別を受けているのに、その実態は調査の対象にすらなっていないのです。

「国籍が日本だったら日本人だし、日本人同士には人種差別はない」という、根拠のない間違った思い込みが２０２０年代の現在も強く存在しています。現実には日本国籍者が日本国籍者から人種的差別を受ける場合もあるのに、その現実がとりこぼされています。

――たしかに、日本の中で「日本人」が「人種差別」を受けるというのは矛盾《むじゅん》した言い方に思える。

「日本人同士で人種差別している、されている関係がある」ということを「ありえない」と感じてしまうのは、つぎの二つの考えが日本社会全体に浸透しているからです。

「国籍」＝「人種・民族」である。
「日本人は人種的・民族的に単一」である。

この二つの間違った思い込みが組み合わさると、「日本国民（日本国籍者）」＝「人種的・民族的に単一」という発想が生まれます。でも、そんなことは、法的にはどこにも書かれていません。憲法でも法律でも、「日本国民」を「単一民族」「単一人種」と規定しているわけではありません。日本国憲法第十条には「日本国民たる要件は、法律でこれを定める」とあり、その法律にあたる国籍法で、「日本国民」の定義は、出生、認知、帰化《きか》などによって日本国籍を取得すること、とされています。

――というと？

国籍法では、生まれたときに父母のどちらかが日本国籍であるか、20歳未満のときに認知（自分の子と認める）した父か母が日本国籍であれば、子どもは日本国籍を持ちます。帰化とは、外国籍の人が日本国籍を取得することです。20歳以上で5年以上日本に住んでいるなどの場合、法務大臣に届け出れば日本国籍が得られる場合があります。

憲法にも国籍法にも「人種」については何も書かれていません。つまり、日本においては、憲法も国籍法も、実際には「日本国民」が多人種・多民族でありえることを規定していると言うこともできます。

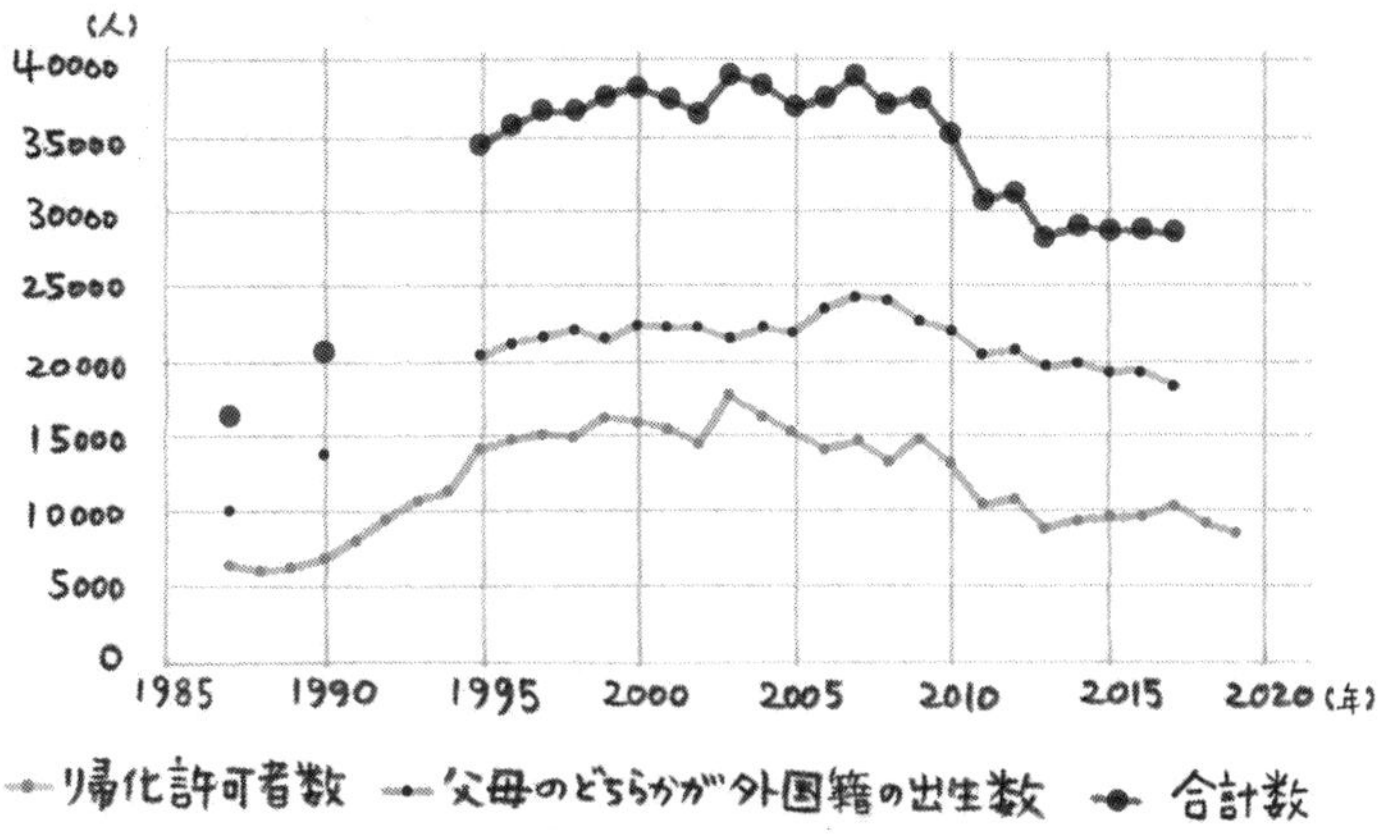

法務省民事局「帰化許可申請者数、帰化許可者数及び帰化不許可者数の推移」、e-Stat「父母の国籍別にみた年次別出生数及び百分率」より作成

現実を見ても、国際結婚なども増加し、多様なルーツの人々が増えつづけています（出生率統計で、親のどちらかが日本国籍、どちらかが外国籍の組み合わせで出生する子どもは近年、毎年約2万人前後生まれています）。また、「帰化」の制度によって、近年、毎年約1万人前後の元外国籍者が新たに日本国民となっています。あわせると毎年3万人ほどです。

日本国籍者は実際には民族的・人種的に多様で、「日本人」＝「一つの人種」ということはありません。「日本国民」を人種的に単一なものと考えていると、「日本人が日本人に対して行っている人種差別がある」ということがヘンに聞こえるかもしれませんが、アメリカの場合を考えるとわかりやすいと思います。アメリカ国民は人種的に多様だとわかっているから、たとえば、「同じアメリカ人同士の中で『白人』が『黒人』を差別している」と言っても、「ヘンだ」とは思わないですよね？

――たしかに。日本とアメリカは違うと思ってた。

「単一民族国家」という言葉もありますが、事実として、そんなことを規定する憲法も法律もなく、現実として多人種・多民族な人々が日本国民を構成しています。そのうえ、多くの外国籍の人たちが数世代にわたって日本で生活しつづけていて、さらに最近では政府主導で積極的な移民の受け入れも加速しています。「単一民族国家」という間違った認識は、ますます現実と合わなくなってきています。

「日本国籍だから問題はないはず」という感覚とつながったものとして、「ハーフ」や「ミックス」の人々が抱える問題が軽く見られるという傾向もあります。

「アウティング」を例に考えてみます。ＬＧＢＴなど性的少数者に関して情報発信を行っている一般社団法人fair代表の松岡宗嗣《そうし》さんは、アウティングとは、「本人の了承なく、その人のセクシュアリティを第三者に暴露《ばくろ》してしまうこと」だと説明しています（２０１７年のハフポスト記事「アウティングによる加害者も被害者も生み出さないために、知っておきたい４

つのこと」より）。２０１５年、一橋大学でゲイの大学院生がアウティングされたあとに自死するという事件がありました。これを機に、セクシュアリティに関するアウティングの問題の深刻さがより一層発信されるようになりました。

ところが、それが「ハーフ」や「ミックス」のアウティングとなると、まだまだその問題が十分に認知されていません。ある人は、大学に入学したら1週間もしないうちに自分が「ハーフ」ということが全校中に知れ渡っていたといいます。知らない間に、ほかの人たちがその人の個人情報を広めてしまっていたのです。

民族的・人種的なバックグラウンドの場合も、アウティングの被害は深刻です。個人的な情報を勝手に広められることで受ける精神的な被害だけではありません。まわりの人から「〇〇さん」という個人として見られるというより、「ハーフの人」というようなカテゴリー的な存在として見られるということもあります。あるいは、海外にもルーツがあることがわかったとたん、つきあっている相手の親に反対されたり、結婚を許されない結婚差別を受けることもあります。でも、このようなアウティングによる被害の危険性があることがあまり認識されていません。

――外見でわかるような人でも、アウティングは関係あるの？

「ハーフ」や「ミックス」の人の民族的・人種的背景を本人の了承なくほかの人に話すことによる被害は大きい

ジェンダーアイデンティティ（自分をどういう性だと認識しているか）や性的指向（好きになるのはどういう性か）も外見ではわからないことがあるように、その人の持つ文化的背景や言語能力、どこの国とつながりがあるかというナショナルな背景も外見ではわかりません。また、外見が違うからというだけで、その人の個人的情報を他人が周囲に勝手に広めていいという理由にはならないですよね。外見や肌の色でその人を判断し、間違ったイメージや、プライベートな情報などを本人の同意なしに勝手に第三者が広めることは、その人の尊厳を傷つけることにつながりかねません。

ここまで、「ハーフ」の差別が社会の中で認識されないことについて、「国籍＝人種・民族」という現実とかけ離れた思い込みがあるという視点から話してきました。

もう一つ、第1章でもふれましたが、『「ハーフ」や『ミックス』の人に対してなんでも質問していい」という間違った思い込みが浸透していることも、「ハーフ」の差別が「見えない」背景にあるのではないかと思います。

人種的・民族的な背景、また戸籍や国籍にかかわる情報、両親の馴れ初めや私生活では何語を話しているかとか、「家では何食べてるの？」とか、とても私的なことや、軽々しく人に教えないような重大な個人情報について、その人の同意もなしに根掘り葉掘り聞くことは相手の人権を侵害する行為ですよね。

――人権侵害？

はい。ピンとこないかもしれませんが、性的指向やジェンダーアイデンティティの問題で考えてみましょう。初対面の人に、相手の同意もなしに、性的指向やジェンダーアイデンティティ、戸籍上の性別とか、パートナーとはどういう関係なのかとか、根掘り葉掘り聞き出すというのは、相手の人権を尊重しない行為です。

「気になることもたくさんあるし、根掘り葉掘り質問をしても大丈夫、相手の同意なんかいちいち必要ないよね」という発想があるとすれば、それは「ハーフ」や「ミックス」の人々の人権が社会で軽視されている、ということです。「ハーフであれば人生で問題はない」「うらやましい存在」「それでもいい経験もしてるんでしょ？」といった言葉一つ一つが、「ハーフの人権が軽視・侵害されている」という現実を覆い隠してしまうのです。セクシュアリティやレイシャリティだけではなく、目の前にいる人の人権を軽視・侵害しない、人権を尊重する、という態度が求められています。

2 だれも「偏見」から逃れられないの？

——「国籍＝人種・民族」っていう間違った思い込みがあったり、人種のこととか根掘り葉掘り聞いてもいいという雰囲気があるのはどうしてかな？

アメリカでレイシズムの歴史的な移り変わりの過程を分析・研究する学者のマイケル・オミとハワード・ウィナントは、社会構造のあらゆるところに人種差別的な認識が浸透していると指摘しています。人種的な偏見を学校で学習することはありませんが、だれもが人種的な偏見を身につけてしまっているのはそのせいです。人種的差別は私たちの社会に構造的に組み込まれていて、だれもその影響から自由になることはできない、この社会でくらす以上、否応《いやおう》なしに人種的な偏見の影響にさらされつづけているということです。

だから、「自分は人種差別とは関係ない、自分は人種差別はしていない」と思っている人こそ、「自分は人種差別の認識から影響を受けているかもしれない、人種差別をしているかもしれない」と、より一層自分を見つめ直してみる必要があります。

こういった人種的差別は社会の制度やシステムに浸透して、人々の生活と人生に具体的な影響をおよぼしています。これを制度的人種差別と呼びます。

南川文里《みなみかわふみのり》・立命館大学教授は、以下のように説明しています。

制度的人種差別主義とは、直接的で敵対的な暴力や言動だけでなく、人種差別の意図がなくても間接的に特定の人種集団の人々が不利になる社会の仕組みを指す。

(『アメリカ多文化社会論――「多からなる一」の系譜と現在』法律文化社、2016年)

――直接的に差別されてなくても、社会の仕組みの中で不利な扱いを受けているっていうこと?

そうです。直接的にだれかを差別することになるならすぐにわかりますが、めぐりめぐって、間接的にある人たちが不利になるようなときは、なかなかそのことに気づくことができません。そうした、システムの内部に浸透した人種的差別をとらえるためには、はっきりと人種的差別が書かれた法律とか制度、個々人の差別的な言動をとらえるだけでは十分ではありません。法律や制度に書かれていなくても、その運用の場面でいかに見えづらい形で人種的差別が影響しているのかを浮かび上がらせることが重要であると言えます。

学校での差別やいじめによる勉学・進学への影響、精神面での負担、就職活動での差別、職場での差別、不動産などの入居差別、警察による差別的な職務質問、道端で見ず知らずの人から言われるイヤな言葉、結婚差別など、一人一人が人生のあらゆる場面で差別を経験しています。この現実は、はっきり人種的差別をしている法律や制度がなくても、見えづらい形で社会のあらゆるシステムに人種的差別が浸透していることの証明です。さまざまな場面で構造的に不平等な立場に置かれているのです。

このような制度的に浸透する人種的差別から影響を受けているのは「ハーフ」や「ミックス」と呼ばれる人々だけではありません。移民や難民、在日コリアンなどの特別永住者など、外国籍の人々も構造による差別の影響を受けています。

また、このような人種的差別の影響は海外ルーツの人々に影響を与えるだけではありません。第1章でも少しふれましたが、「アルビノ」と呼ばれる人々なども、そうした差別の構造の影響を受けています。矢吹康夫さんの『私がアルビノについて調べ考えて書い

人種的な偏見は社会のあらゆるところに浸透している

た本——当事者から始める社会学』（生活書院、2017年）によると、髪や肌の色が明るいために、他人から「ハロー」とか「ガイジン」と何度も言われたり、就職の面接で外見によって差別を経験したり、警察による職務質問を何度も経験した人もいるといいます。

——海外ルーツがなくても同じような経験をしている人がいるんだね。

はい。つまり、社会構造に浸透した差別は、実際の「国籍」や「海外ルーツ」の有無だけで作用しているのではないということです。人種的差別とは「特定の人種への差別」ではなく、「人種的に行われる差別」であり、日本社会にくらすさまざまな人々の生活と人生に影響がおよんでいるのです。このような現実を変えていくためには、さまざまな差別を禁止する積極的なルールづくりが必要です。

そういった社会の構造に浸透する人種的差別の影響の断片をとらえるために重要な概念の一つが「マイクロアグレッション（micro aggressions）」です。「micro」は「小さい」という意味、「aggressions」とは、「侵入」とか「侵略」「攻撃」という意味の複数形です。マイクロアグレッションとは、「国帰れ」とか「ガイジン出ていけ」などのだれにでも明らかに差別とわかるようなものではなくて、相手を褒《ほ》めるつもりで言った言葉など、一見すると差別とは思えないような言動の中に偏見が根深く結びついているものを指します。

1970年代に、アメリカの精神科医チェスター・M・ピアースが、「白人」が「黒人」に対して反射的あるいは無自覚に偏見にもとづいた言動をすることをとらえる言葉として定義しました。このときは人種にまつわるものだけでしたが、その後、人種、ジェンダー、性的指向など多岐にわたるマイクロアグレッションについて研究が進んでいます。

「ハーフ」や「ミックス」と呼ばれる人々に対するマイクロアグレッションがどんなことかというと、すでに第1章でお話ししています。たとえば「日本語上手だね」とか、「日本人以上に日本人らしい」とか、「英語（あるいはルーツの国の言語）得意なんでしょ」など

マイクロアグレッションとは
一見差別と思えない、無自覚な偏見にもとづく言動

があります。しかも、「日本語上手ですね」と言ってくる人は、完全に褒め言葉だと思い込んでいます。

あるいは「黒人系」の「ハーフ」や「ミックス」の人々に向かって、「黒人系だから」「音楽が上手」とか「ダンスが得意」とか「スポーツが得意」とか「ラップ歌えるでしょ」というような言葉をかけることも、マイクロアグレッションにあたります。これらの言葉は褒めているようでも、これまでに社会的・歴史的につくられてきた「黒人」に対するステレオタイプ（過度に誇張されたイメージ）が反映された表現です。

たとえ実際に練習を重ねて上手になったとしても、ルーツを理由に、できて当然と言われることは本人の努力を無視することで気分が良くないですよね。さらに、これらのことが苦手だったらもっと困ります。だれもが音楽やダンス、スポーツが得意なわけではありませんよね。肌の色を見て「得意なはず」と一方的に思い込むのはおかしなことで、それを相手に言ってしまうことは、そのつもりがなくても攻撃になるのです。

また、言葉だけではなく行為もマイクロアグレッションとなる場合があります。インタビューの中では、同意もなしに髪の毛を勝手にさわられるという行為がよく語られていました。日本社会では黒髪でストレートが「当たり前」とされがちですが、そういうイメージがメディアや商品の広告で多いため、髪の毛がカールしていたり色が明るいと周囲の人から髪の毛をさわられるということがあります。

――勝手にさわられるの？

はい。何人もの人からそういう体験を聞きました。身体の一部である髪を本人の同意もなしにいきなり勝手にさわるという行為は、たとえば犬を撫《な》でたりするような、あるいは博物館に展示されている物珍しい人工物を見るような、非人間的な扱いを相手にしているということです。自分の髪の毛を突然だれかがさわってきたら、だれでもイヤですよね。それを、「まわりと違うから」「珍しいから」ということだけで「さわってもいい」と判断するのは間違っていますし、相手を傷つけるマイクロアグレッションになります。

マイクロアグレッションは蜂《はち》に刺されることに似ている、という表現があります。刺された部分は回復することができるけど、そのとき〝痛み〟をどう感じたのかは決して忘れることがないということです（シモーヌ・アバ・アキィアヌ「Touching Black Hair as Micro-Aggression」Parents for Diversity　サイト記事２０１９年８月25日）。自分の言動が、相手にとってどんな影響を与えているのか、立ち止まって考えてみる必要があります。

「国帰れ」とか「出ていけ」と言う人は自分が差別をしているという自覚があると思い

ますが、「マイクロアグレッション」の場合は自分が差別をしている感覚がない場合が多くてかえってやっかいです。差別していると思っていないので、「それは差別ですよ」と指摘すると、「そんなつもりじゃない」というのが決まり文句のように返ってくるのです。

でも、「そんなつもりじゃないから大丈夫」ということはありません。自転車の事故を想像してみてください。だれも、事故を起こすつもりで自転車に乗っているわけではないけれど、ぶつかって相手を傷つけてしまうことが起こりえます。そのときに、「そんなつもりじゃない」という自分の意思にかかわらず、実際に相手を傷つけてしまうわけです。事故であれば謝罪と賠償《ばいしょう》が必要です。マイクロアグレッションの場合も同様で、「そんなつもりじゃなかった（からたいした問題ではない）」「細かいことを気にしすぎるな」「もっと強くなれ」と言う前に、傷ついた相手を目の前にして適切な行動をとるべきです。

マイクロアグレッションは「些細《ささい》なこと」として片付けていいものでは決してありません。心理学で教鞭《きょうべん》をとるデラルド・ウィン・スーは、マイクロアグレッションを以下のように定義しています。

マイクロアグレッションというのは、ありふれた日常の中にある、ちょっとした言葉や行動や状況であり、意図の有無にかかわらず、特定の人や集団を標的とし、人種、ジェンダー、性的指向、宗教を軽視したり侮辱したりするような、敵意ある否定的な表現のことである。加害者はたいてい、自分が相手を貶《おとし》めるようなやりとりをしてしまったことに気づいていない。（中略）

マイクロアグレッションは我々の社会の中で周縁化《しゅうえんか》されたグループに属する人々が、恒常的かつ継続的に経験していることだ。マイクロアグレッションは受け手の自尊心を攻撃し、怒りと失望を引き起こし、精神的活力を枯渇《こかつ》させる。また幸福感や自分は価値ある存在だという感覚を低下させ、健康上の問題を引き起こし、平均寿命を縮める。そしてマイノリティの人々が教育や雇用、医療に平等につながる機会を奪う。

（『日常生活に埋め込まれたマイクロアグレッション──人種、ジェンダー、性的指向：マイノリティに向けられる無意識の差別』明石書店、2020年　一部改行しています）

──難しい言葉が多いけど、「健康上の問題を引き起こし、平均寿命を縮める」ってインパクトある。

はい。実際にそれくらいのダメージがあることなのです。スーは、マイクロアグレッションが日々繰り返され蓄積されていくことによる身体的健康への悪影響や精神的負担について警鐘《けいしょう》を鳴らしています。とくに、人種差別的なマイクロアグレッションによる、①社会や自分自身からの疎外《そがい》、②人種差別の内面化による自分や自分のルーツに対する嫌悪、③蓄積されることでトラウマ的体験となる、④日々対処することに対する心理的・精神的な疲弊《ひへい》、という問題点を挙げています。

「ハーフ」や「ミックス」などと呼ばれる人の経験にあてはめると、たとえば「日本人ではない」という前提で話しかけられることなどで疎外され、自分自身のルーツからも疎外される。そういった経験が繰り返されていくことで、人種差別的な位置づけが内面化されていき、自分の中にある日本とのつながりや海外とのつながり自体に嫌悪感を抱《いだ》くようになる。そしてそのような経験が毎日毎日積もり重なっていくことでトラウマとなる。それが日々繰り返されることによって疲弊していく、ということです。こういう状況を実際に経験している人も多く、メンタルヘルス（心の健康）に関する問題が非常に深刻なのが現実です。

また、レイシズムについて詳しい研究者の梁英聖《リャンヨンソン》さんは、『レイシズムとは何か』（筑摩書房、２０２０年）において、偏見やマイクロアグレッションのような行為がゆくゆくは差別や、暴力、ジェノサイド（集団殺戮《さつりく》）といった方向へと深刻化していってしまう危険性を指摘しています。
偏見の意識がすぐにジェノサイドにつながるというわけではありませんが、社会的な条件、すなわち差別に反対する法律やモラルの規範《きはん》が損なわれていったときに、その偏見が具体的な行動に移され、深刻化していくということです。そして、これを食い止めるためには、差別に対する理解や差別煽動《せんどう》行為の法的な規制などといった反差別ブレーキが必要だということです。

――マイクロアグレッションって、ぜんぜんマイクロじゃないじゃん。

そのとおりです。けれども、マイクロアグレッションをしてしまう側のマジョリティの人々に差別している意識がないので、大きな問題だとは認識されていません。
マイクロアグレッションについて指摘すると、「そんなつもりじゃない」だけではなく、「じゃあ、どういうふうにコミュニケーションとればいいわけ？」とか、「細かいこと気にしすぎ」と言われることはよくあります。それに対して社会学・文化研究者のケイン樹里安さんは、以下のように記しています。

差別が目の前にあっても、気にしないでいられて
その場から立ち去れるのがマジョリティ

学生に「マジョリティって、ぶっちゃけ何者なんですか？」と聞かれたわけです。そして、咄嗟《とっさ》にでてきたのが、「うーん、なにかしんどい状況とか差別が目の前にあるときに、それに気づかずにいられる人とか、気にしないでいられる人とか、その場からサッと立ち去れる人たちのことかなぁ」という言葉でした。

そうした人たちのことをマジョリティと呼べるのではないかな、と思います。

また、こうした「気づかず・知らず・みずからは傷つかずにすませられること」は「特権」だよなぁと思います。さらに言えば、気にしたくなくても、気にせざるをえない。気にしたくないのに、気にしないといけない。立ち去りたくても、立ち去れない。むしろ戻ってこないといけない。それがマイノリティのしんどいところでは、とも思います。マイノリティは「気にしすぎ」と言われることもまた多いのですが、それこそ「気にしすぎ」にさせてる社会の仕組みこそ、そしてマジョリティの特権性それ自体を問う必要があるように思います。

（ｎｏｔｅ記事「マジョリティとは『気にせずにすむ人々』――#ふれる社会学 のイベントから」２０１９年）

マイノリティは「気にしすぎ」なのではなく、ケインさんが説明するように「気にした

くなくても、気にせざるをえない」ような状況に立たされている、「気づかないではいられない」ということです。

――マイクロアグレッションをされた人はイヤだと感じたりするから気づくということだね。だったら、マイクロアグレッションをする側の人はどうやって気づくの？

そこが難しいところです。マイクロアグレッションはだれでもしてしまうことがありますし、そのことに気づいていないことが多いものです。私自身、こういう研究を始めてから、これまで人生の中で何度もマイクロアグレッションをしていたことに気がつきました。

学生のころ、ある在日コリアン三世の方と初めてお会いしたとき、私は当時ハングルを勉強していたこともあって、韓国語で挨拶をしました。すると、相手から返ってきた返事は「あ、どうも」という日本語でした。当時、「在日コリアン」についてほとんど知らない状態で、「相手は韓国語で話しかけられたほうが嬉しいだろう」と思い込んだ発言でしたが、相手の一言でハッとさせられました。

その後、在日コリアンについて歴史的背景や日本社会での経験について勉強していき、植民地時代には言葉を奪われ、戦後には国籍を奪われ、民族教育も抑圧されてきたことを知りました。そのときに、私が韓国語で話しかけ、相手が日本語で応えたという場面で起こった出来事を振り返り、ようやく自分自身のかけた言葉がマイクロアグレッションだったと気づきました。これ以外にもまだ気づいていないこともたくさんあると思います。

ですから、マイクロアグレッションをする側が気づくためには、まずは、マイクロアグレッションを「絶対的な悪で、自分とは無関係のものだ」と考えないことです。そして、自分自身の言動を振り返ってみて、相手を偏見で見て発言していなかったか、相手がイヤがっているのにその言葉を言いつづけていなかったか、相手が苦痛を訴えたことに「気にしすぎ」と言ってないか、一度立ち止まって考えてみることが必要です。

「偏見が社会のあらゆるところに浸透していて、そこから簡単に逃れられる人はいない」という前提で、そういう構造をどれだけ自覚できるか、ということを一人一人考えていくことがすごく大事だと思います。マイクロアグレッションを行ったその個人が「悪者だ」という話では、結局自己責任論になってしまい、社会全体の構造は変わらないままになってしまいます。

ここまで人種的なマイクロアグレッションと社会構造について説明してきましたが、第2章でお話ししたインターセクショナリティを思い出してみてください。人種的要素だけではなく、ジェンダーや経済状況などの要素によって人はさまざまなマイノリティ性や特権的立場に置かれています。

――特権的立場に置かれている？

はい。それぞれの人が、さまざまな要素が交差するところに位置しています。ある要素についてはマイノリティかもしれないのと同様に、ほかの要素についてはマジョリティとして特権を持っているかもしれません。

自分が持つ特権について気づくことは難しいとお話ししました。それでも、苦痛を訴えた相手の声に耳を傾けることはできます。まずは相手の声に耳を傾け、置かれた複雑な社会的立場を知って想像力を持つことが大切です。

社会的立場や、ジェンダー・人種・経済状況・障害・年齢・文化・セクシュアリティなどさまざまな軸から現状をとらえて、相手の立場を知り、その人の人権を尊重することを学ぶ機会が日本社会では非常に不足しています。自分とは違う「他者」への想像力が欠けているのは、個人の次元の問題ではなく、日本社会の構造的な問題によるものです。個人の認識に偏見が生まれる背景には、社会構造そのものが影響しているわけですから、社会

「他者」への想像力が欠けているのは
日本社会の構造的な問題による

や教育や制度そのものを問い直していく必要があります。

社会や教育や制度そのものを問い直すというと、とてもできそうにないと思うかもしれませんが、この本でもいろいろお話ししたような、知らず知らずのうちに身についている偏見について、「これは偏見なんだ」「これは社会に浸透している思い込みなんだ」と知ることが第一歩となります。

何が偏見なのか知らなければどうすることもできませんが、それがわかれば、その偏見や思い込みを意識的に捨てることにつながります。自分自身の中にある偏見が埋め込まれた知識を、一つずつ読み解いて捨てていくのです。これを「学び捨てる」といいます。

――学び捨てるの？　どうやって？

まずは、社会で「常識」「普通」「当たり前」だと言われるようなことについて、「それは果たして本当にそうだろうか」と一度立ち止まって考えてみるといいと思います。たとえば「日本人」という概念についても考えてみてください。「日本人の常識」「普通の日本人」「日本人なら当たり前」といった言葉づかいには、どのような意味が込められているのでしょうか？　想像してみてください。

日常生活で個人が発言する場合のさまざまな「日本人」という言葉の使われ方を一つ一つ見ていくと、そこには肌の色、髪の色や質、目の色、日本生まれ日本育ちで言語は日本語をしゃべるとか、国籍が日本とか、名前がいわゆる日本風とか、日本の伝統文化を知っているなどの文化的なことや、精神的な面・政治的な面など、さまざまな要素が結びつけられて使われています。年末にはお寺の除夜の鐘を聞いて、初詣《はつもうで》に神社に行き、日本式のクリスマスや日本的なハロウィンを楽しむ、といったようなことまで「らしさ」に含まれる場合もあります。

そういったさまざまな要素が一つ一つ積み重ねられ、「普通の日本人」あるいは「日本人の常識」として社会に定着し、それが人々の認識に影響を与え、「こうあるべき」という「規範」としての働きをしているのです。このように、社会的につくり出され、人々の人生に影響をおよぼす「常識」や「普通」、「当たり前」を問い直していくことが、身についた偏見を「学び捨てる」ことになります。

――ちょっと待って。「常識」が「規範」のように働いているってどういうこと?

先ほど紹介した「アルビノ」をテーマに研究する矢吹康夫さんの本に書かれた内容から

考えてみます。髪の色が明るいことで、よく「ハロー、ガイジン」と言われたり、警察官から何度も職務質問された経験があるそうです。「日本人なら髪は黒いのが当たり前＝髪の毛が明るい人は規範を逸脱《いつだつ》している＝犯罪にかかわりそうな人」というように、「常識」が、「こうあるべき」という規範のようになっていて、そこから逸脱することが悪いこと、あるいは犯罪そのものと関係づけられるようになってしまっています。

犯罪と関係づけられるところまでいかなくても、「常識」が「規範」となっていることはたくさんあります。たとえば、なにげない会話の中で、子どものときに晴れ着を着て神社にお参りに行く「七五三」をやっている前提で話が進んで、やっていないと言ったら「かわいそう」「やるべきなのに、やってないなんておかしい」と言われたりすることもあります。こういうことも、「常識」が「規範」となっています。「常識」から外れることが想定されていなくて、「常識」から外れないことが良い・正しいことという価値観になっているからです。

さまざまな「常識」や「当たり前」がたくさんあって、それがさまざまな度合いの「規範」となっています。そして、いったん「常識」がつくられ、それが「規範」となったら、その規範自体がそれでいいのかどうかは問われることなく、そこから外れているのは悪いこととみなされたり、かわいそうなこと、劣ったこととみなされてしまいます。

こういう「常識」は、社会の中に生きていると知らず知らずのうちに身につけてしまうものですが、それを絶対的なものととらえずに、「当たり前だと思ってるけど本当にそうなのか」と問い直してみることが大切です。

――「常識」を考え直すようにすれば、マイクロアグレッションをしないようになるのかな？

そのための第一歩として必要なことだと思います。「常識」といっても、立ち止まって考えてみれば、歴史のある時点でつくられた考え方で、それが変化してきていると気づくこともあります。

また、こういう認識の問い直しに加えて、現実の「差別の状態」をなくしていくための方法も考えていかなければと思っています。それについては、「だれか」を対象にしたもののだけではなくて、「どういう状態か」ということを対象にする動きも広がりつつあります。これまでは、たとえば外国籍者への差別をなくすための方法が考えられてきましたが、「ガイジン」などと言われたり、就職差別などを受ける「ハーフ」や「アルビノ」の人の経験を見てきたように、人種的差別を受けるのは外国籍者だけではありません。対

「だれか」ではなく「状態」を対象にして差別をなくすための方法を考える

象を「だれか」にすると、同じような差別を受けているのに、そこには含まれない人が出てくる可能性があるからです。

「だれか」ではなく「状態」を対象にする考え方の例として、２０１１年に国連の人権理事会で採択された「ＳＯＧＩに関する人権決議」について考えてみたいと思います。ＳＯＧＩ（「ソジ」などと読みます）とは、Sexual Orientation（性的指向）とGender Identity（性自認）の頭文字です。恋愛感情や性的な関心がどの性に向かっているか、どのようなジェンダー・アイデンティティであるか、ということに対する権利を守り、差別を禁止するものです。

ＬＧＢＴは、レズビアン、ゲイ、バイセクシュアル、トランスジェンダーの頭文字で「だれか」を示す言葉ですが、ＳＯＧＩが意味するのは「だれか」ではなくて、どんな性的指向と性自認であるかという「状態」を指す言葉なので、セクシュアルマイノリティだけではなく異性愛の人など、どんな人もそこに含まれていきます。

たとえばイギリスでは、それまで個別にあった差別禁止法を整理・統合し、「２０１０年平等法」を制定しました。この法律では、「だれ」ではなく「状態」を対象としており、差別から保護されるべき特性として、「年齢」「障害」「性適合」「婚姻および同性婚」「妊娠および出産・育児」「人種」「宗教または信条」「性別」「性的指向」の9つが挙げられています。その上で、それらの直接差別、間接差別、複合差別など事細かに差別行為が禁止されています。

「ハーフ」や「ミックス」についても、そもそも対象として定義すること自体が難しい存在でもあり、また、どんなことに困っているのかという状態についても、インターセクショナリティのところで話したように、人種的差別だけではなく、SOGIにまつわる差別や、年齢・障害・経済状況による差別や格差なども人によって複雑に重なっています。

日本でも、現実社会にある差別や不平等、格差の状態を禁止し改善していくための法制度化が急いでとりくむべき課題といえます。

あんなさん

あんなさんはアメリカで生まれ、両親の離婚をきっかけに、1歳のときに日本に引っ越しました。幼少期は祖父母に育てられたといいます。その後、小学校3年生から高校までを主にアメリカで過ごし、日本の大学に入りました。今はTwitter (@annaPHd9pj) で、「ハーフ」やジェンダーにまつわるテーマを発信しています。

——小学校のころはどんな経験がありましたか？

私も入学とともにもれなくいじめが始まりました。「ガイジン」と呼ばれるのはほぼ毎日。いつしか当たり前になってしまいました。朝、授業で教室に入ろうとしたら、クラスメイトに通せんぼされ、「おまえはガイジンだから、パスポートがないと教室には入れないぞ」と言われたこともありました。それまで仲良くしてたような子が、「お母さんから『ガイジンさんとはお友だちになっちゃダメ』って言われたから今日からは遊べない」って言われたりだとか。

あと毎日一人で登下校をしていたのですが、ある日、日向《ひなた》ぼっこをしていた家の近くに住むご老人の方が、私が通りかかったときにツバを吐き、「この毛唐《けとう》め！（外国人に対する差別用語）」と言われたりとかもありましたね。当時7、8歳だったと思うのですが、怖くなってすぐにお家に帰って、祖父母に「『けとう』って何？」と聞いたら「だれがそんなこと言ったんだ！」と祖父が憤慨《ふんがい》していたのを覚えています。

それ以降はバス停までは祖父が車で連れていってくれるようになりました。その後も「毛唐」とか「雑種」とか言われることは多々ありました。問題が起きても毎度真剣に取り組んでくれる先生は、一人いたかいなかったかくらいでした。

その後はアメリカに渡り、テキサスの公立学校に通っていました。その間、日本での学校生活にあこがれを抱くようになり、中学2年くらいのときに思い切って一時帰国し、東京の私立の学校に編入しました。学校自体は帰国子女も多く、オープンな雰囲気だったのですが、それでも「英語しゃべって」「ハーフかっこい い！」など、いじめではないものの自分の人種について言及されることは毎日でした。

学校の外では水泳を習っていたのですが、そこは学校と違い閉鎖《へいさ》的な空間でした。チームメイトから「アメリカ病がうつるから、プールには一緒に入りたくない」と言われたこともありましたし、「アメリカから来るって聞いたから金髪かと思ったらぜんぜん違うじゃん」とも言われました。

――アメリカでの経験はどうでしたか？

テキサスに行ったのは、継父のお仕事がそこだったからっていう理由だったんですけど。やっぱりテキサスっていうのはアメリカの中ではすごく保守的でしたし、アジア人人口も少なくて。入学した先の小学校は、学生の9割以上が白人でした。まわりにしゃべりかけようとしても、「チンチョンチャン」って言われたりだとか。そのときに、日本もアメリカも同じなんだなと落胆しました。母からは、アメリカに行けば、アメリカは移民の国だから、あなたみたいな子はたくさんいるから日本の学校で経験したようなことはないんだよって言われて、それを信じてアメリカに渡ったら、まったく変わんないじゃんって。

ハーフとかミックスがレイシャル・マイノリティっていう観点ですごく独特だなって思うのは、自分のマイノリティ性を家族と共有できないっていうのが。というのも、うちの母親は完全にカラーブラインドネス派（人種を気にしない、人種は関係ないという意識や思想）だったんです。「あんなちゃんは、そのまんまで可愛いし、あなたはあなただし、ハーフとかミックスとかは関係ないし、人種なんて関係ないところでがんばっていけばいいんだよ」っていうのが彼女のメッセージだったんですけど。彼女なりの善意ですよね。

でもそれって結局良くなかったなっていうのを今振り返って思っていて。自分が当時当たり前に感じていたイヤな気持ちをすごく矮小化《わいしょう》してしまう言葉なんですよね、それって。「そんな小さなことで悩んでるなんてバカバカしいんだから、そんな肌の色で悩むぐらいだったら、勉強がんばろうよ」みたいな。そういうものが、もちろん彼女の善意で、励ましのつもりで言ってるし、当時の私もそう思おうとがんばっていたし、私自身、自分に言い聞かせて少しはそう思うようにしていた時期もありましたが、やっぱり腑《ふ》に落ちない。母も知らないような経験や影響だとかっていうのがあるわけで。

これって実は、各々が持っているこれまでの違う人生経験とか文化的背景っていうものをリスペクトしない、完全に否定する選択なので。それは聞こえはいいかもしれないけど、実はすごく、尊厳を傷つけている言動なんだよっていうのは思いますね。だって、同じじゃないですから。そういう違いを完全にゼロの状態にしてしまっていて、まるで違うことが悪いことってしてしまっているようにもとらえられますよね、逆に。「人類みな同じだよ」っていうことが「良いこと」だと理解されれば、「人類みな違うよね」っていうことが「悪いこと」に転換されてしまうので。

——あんなさんが書いた自己紹介カードについての記事も印象的でした。

毎日毎日「ハーフですか？」って聞かれるので、普通にネタでもなんでもなく初対面での自己紹介カードを書いたんですよ。ミックスルーツの経験って、何がどう良くないのか、具体的に説明しないとわかりにくいテーマだと思うんですよね。

ハーフの自己紹介カードを載せて、さらにショックだったのが、私より10歳以上年下の子が「わかるー」って言っていて。10年、15年経ってなにも変わってないんだなっていうのを知ってしまって。今でもショックですね……。

中学生のみなさんに伝えたいのは、アイデンティティというのは流動的で、確定的なものではありません。以前の自分と今の自分で、自分のルーツの理解が違っていても、過去の自分が間違っていたことにはならないので、その時その時で自分が納得するイメージを浮かべてみてください。

◆あんなさんの記事はこちらで読めます。

「ミックスの私が『初対面カード』を配る理由。それは無言のプロテスト」
https://www.huffingtonpost.jp/entry/story_jp_5efe8687c5b6ca97091ba024

♡初対面カード♡

ハーフですか？	はい、そうです。
どちらの親が外国人ですか？	父がアメリカ人です。
日本には何年住んでいますか？	通算１５年程です。
英語はしゃべれますか？	はい。
夢はどっちの言語？	両方あります。
考える時はどっちの言語？	その時に喋ってる言語です。

♡初対面カード♡

日本とアメリカどっちが好き？	両方良し悪しです。
自まつ毛ですか？	はい。

これらの質問は全て、必ず初対面で聞かれるものです。毎回答えるのが大変なのでカードを作りました。これらの質問をしてくださった方にお願いがあります。初対面で人の外見や人種の質問をするのは失礼であり、傷つきます。今後もし他の人にも同じ質問をしたくなった時は、このカードを思い出してください。

自己紹介カード　表面／裏面

バーヌさん

バーヌさんは研究会でお会いした縁で今回お話をうかがいました。

――最初にお生まれや生い立ちについて教えていただけますか？

生まれは大阪ですね。父は20歳のときにスリランカから出稼ぎ労働者として日本に来て。父は今は起業して、中古車関係の仕事をやっています。

小学校2年生のときに1回転校したんですけど、質問攻めですよね。名前も「なんでカタカナなの？」とか「どういう意味」とか。「お父さん何人《なにじん》なの？」とか「英語しゃべれるん？」「しゃべってみて」とか。あとは食べ物で、「豚食べたらどうなるん？」とか。そういうのがありました。

ヒジャーブも、親からつけろつけろってずっと言われてて。小学校5年生のときに、つけて行ったんです。絶対みんなからはなにか言われるだろうなって思って。そしたらいちばん最初に笑われたのが先生からだったんですよ。先生から「なにそれ？　どうしたん！」って笑われて……。それで結局そのときまわりのほかの子からも「なに持ってるの？」「なにつけてるの？」ってなってしまって。それで、もうそれ以上はつけれなかったですね。中高では、つけて行かないと父からイヤな顔されたりするので、家から出るときは緩く巻いて、駅まで送ってもらって、駅ついた瞬間脱いで、みたいな。そういうのしてましたね（笑）。

見た目のことでは、まわりからどう言われたということはなかったんですけど、自分でいちばん気にしてたところはありますね。目とか身体のパーツについていろいろ言われるときに、やっぱり自分はみんなと違うからとか。肌の色をちょっとでもみんなに同化させるために、すごく美白クリーム使ってみたり。あとは、毛が濃いのがコンプレックスだったので、小学校高学年ぐらいから脱毛クリームを試してみたり。

みんなは褒めてる意味で「いいな」って言ってくるんですけど、たぶんそれを裏返しに、気にするようになっていって。自分は「白くて綺麗」みたいなことを言われたことはないけど、隣の子がめっちゃそういうことを言われたりしてるのを見て、「私そんなん言われたことないな」みたいな、自分の肌を見て。「日焼け止めを塗らなくていいから、いいね」って普通に言われたりとか。

　自分の小中、あと高校の最初ぐらいは、まわりと同化するためにすごくがんばってたんですけど、それがふと、高校2年生ぐらいに受験のことと、アイデンティティのことで自分に負荷がガンときてしまって。それで、高2の2学期ぐらいから不登校ぎみになって。アイデンティティクライシスと、自分の将来と親の願いとのギャップが、同時にきて。でも、親は厳しかったので、無理やりにでも学校に行かされてたんですけど。

　今考えると若干うつ病のような状態だったんですけど、高校2年の不登校ぎみだったころから大学の初めぐらいまではそういう状態を繰り返してました。親も当時「うつは、甘えだ」っていう考えで。「おまえが弱いからだ、もっと強くなれ」みたいな感じだったので。母も、心療内科に1回連れていってくれて、諦《あきら》めさせたかったというか、ほら意味なかったでしょみたいなことを言いたかったのか。

　2年生ぐらいの担任の先生も合わなくて、先生もぜんぜんフォローしてくれなかったというか。まわりと違いすぎる自分が、そのときにすごく。ハーフとかもそうですけど、宗教的な意味でも。抑えてたものが、きたという感じでしたね。

　大学も最初のほうは友だちできるのに時間がかかりましたね。最初の自己紹介でもやっぱり、男の子から、「おれ、ハーフの友だちほしかってん」って言われたりとか。絶対おまえとは友だちにならんぞ、と思いながら（笑）。やっぱり、どうしてもアクセサリー感覚で見られてるような感じがありました。

　その後、就活をしたんですけど、レイシャ

ル・ハラスメントがすごくて……。あと、レリジャス・ハラスメントって私は言ってるんですけど、宗教的なハラスメントもひどくて。面接官の人が来て、最初の一言が、「日本人より日本語上手ですね」って。「ずっと日本で生まれて育ってきて日本語も上手だけど、なにか日本語を習得するためにがんばったことありますか？」って言われて。あとは、宗教的なことですよね。「バーヌさんはヒジャーブをしてないけど、宗教は緩いほうですか？」みたいに言われて。見た目で信仰が緩いとか強いとか関係ない人にそういうことを言われるのがすごくイヤで。

病院の受付の面接だったんですけど、「受付にいろんな人が来て話さなきゃいけないし、地域的におじちゃんとかおばちゃんとかは見た目のこととかについていろいろ言ってくるかもしれないから、メンタル強くなきゃね」みたいな感じで言われて。「ポジティブにとらえて、ポジティブに返していかなきゃダメだね」みたいに言われて。もう、そのときは面接がしんどすぎて、部屋を出た瞬間に号泣《ごうきゅう》で。いちばんしんどくて、その面接が。

やっぱりどうしても、マイノリティが強くいなきゃいけないみたいなのを求められてるのが。それと、マイノリティ性をポジティブにとらえて、明るく生きていこうみたいな。それが嫌いなだけじゃなく、それができない自分にも、それを求められるのもイライラするし。就活は、メンタルがもたないです。今は夫の知り合いの方に紹介してもらって、ＮＰＯの施設で働くことになりました。

——読者に伝えたいことってありますか？

そうですね。たとえば学校のときは、自分のことを説明してくれる人がいなかったというか、ぜんぶ自分で説明しなきゃいけなかったので。こういう理由で、こうしてほしいんですってぜんぶ自分で言っていたので。先生に自分が説明して、先生がみんなに説明してくれたりとか、そういう機会があったら良かったんじゃないかなって思います。

「ハーフだから苦労ないでしょ」って言われたりしました

インタビュー

戸田紗季さん

戸田紗季さん

戸田さんは文学部に通っている大学生で、「普通」や「日本人らしさ」ってなんだろう、というお話などを聞きました。

――生い立ちについて教えていただけますか?

父がロシア人で、母が日本人です。私の生まれは福岡で、育ったのは東京で、バリバリの日本人という感じです。父の仕事とかで海外に転々と行ったりはしたんですけど、学校教育はぜんぶ日本で、ずっと日本にいます。

小学校の終わりぐらいから、ローラとかベッキーさんとかが流行り出したときだったんですよ。それでまわりからハーフって言われるようになって、海外へのあこがれもあったので、自分からもそれを売り出したくなったというか。自己紹介でもいちばん最初にハーフですって言うようになりました。5年生ぐらいから主張するようになりました。小学生のとき、ハーフの友だちもできたんですよ。その友だちたちもそれを積極的に紹介していて、自分もそうやって紹介するようになりました。

それまでは話さなかったですね。私はとくに、英語もロシア語もしゃべれないので、それがバレるのがイヤだったので話していませんでした。その言葉話してって言われるじゃないですか。それがイヤで、隠してたのと。それと日本的なものが好きだったので、少女マンガとか。それでハーフっていうのは言わなかったです。ある程度仲良くなると、クセっ毛とか、二重とか、見た目からハーフって聞かれました。違ってるかもしれないっていうのもあって、相手も様子見ながら聞いてくる感じでした。

中学校のときは、ぜんぜんハーフとか関係なく、いじめにあってしまったんですよ。女の子のグループの問題で。クラス全員から私だけハブられるっていう。中学校の2年生ぐらいからそのいじめにあったんですけど、中学校3年生からは、日本的な女の子になりたくて……。家もヘンな感じだし、文化が二つ混ざっているっていうこと自体に違和感があるし、一般常識もいまいち知らなかったので、ちょっとぐれてしまって。

言葉はヘンになってしまうんですけど、日本の普通の女の子、家庭も普通の、ちゃんとしているというか、親が二人いて、きょうだいもいて、「普通」って言われるものにものすごくあこがれをいだいていましたね。中学校3年生のときはとくに。勝手に、家のこと恨んだりしてました。みんなの中にある文化が、自分の中にはなかったりするので。

日本的なノリとか、お正月に『ガキ使』を見る習慣とか、そういうのを自分がやってなかったので、そういうちっちゃい文化の欠如みたいなものが、けっこう補えなかったっていうのがあって、自分もやりたかったなって思うようになりましたね、そのときは。とくに中学生だから、そういうのがメインの会話になったりするんで、そういうのに入れないと、すごい疎外感があったりするんですよね。

中学生って本当に難しい時期じゃないですか。女の子のグループがいろいろあったんですけど、どのグループにもいい顔しちゃってたんですよね。そしたら、ものの見事にしばかれましたね（笑）。もう、キツイです。最終的に、私がハブられていたっていう話は、私が謝罪して終わったんですよ。ヘンですよね、自分でもびっくりしました。なんか、学年集会で呼び出されて、私だけ前に立たされて、みんなの前で謝らされました。

――えっ、被害を受けた人が謝らなければいけないという……。

先生からは「みんな、寂しかったから（いじめを）やったんだよ」っていうことを言われて。そんなこと、ある？ と思って。同じ学年が学校で40人しかいなかったんですけど、男子も含めて全員から私がハブられてしまったので、学年集会っていう大事《おおごと》になってしまったんですよね。良心的な女の子たちも先生に報告するようになって。それで、ことが大きくなりましたね。心配してくれた友だちも一応いました。それは良かったことですよね。

高校では、高校の終わりになるとつきあったりするじゃないですか。予備校で出会った人に、遊びに行こうって何回も言われて、女子校でそういうの慣れてなかったっていうのもあって、まんまとひっかかったんですよ。そうしたら、最初に会ったときに、「僕、海外のものがものすごく好きで」って言われて……。「だからハーフがいいんだよね」みたいなことを言い始めて……。

私、そういう男の子に大学入ってからも3人ぐらいひっかかったんですよ。いるんですよね、そういう人が。よくわかんないですよね……。「じゃあ留学とか行けばいいじゃん」って言ったりするんですけど、「最初は外国の人は怖い」みたいなことを言ってて。下積み経験としてハーフを用いようとしているんですよ。そういう人がいるんですよ。

恋愛ではハーフということでけっこう苦労しました。今もしてます。ＡＫＢみたいなのが好きな男の子たちには逆に怖がられちゃうんですよね。バックグラウンドが怖い、みたいな。マジでやかましいなと思います。

海外の人に間違われるタイプのハーフではないですけど、街中とか電車とかではいろいろな人から見られたりします。あと、バイトでは英語対応させられます。最初のアパレルも、飲食のときも、外国の人が来たときは、英語対応させられますね。あんまり傷つけられたこととかないです。バイトのおばちゃんからは、「ハーフだから苦労ないでしょ」って言われたりはしましたけど。

――読者に伝えたいメッセージとかありますか?

ルーツのどちらの国への帰属とか、アイデンティティって、一生悩むと思うんですよ。海外の人として生きていくと決めている人もいると思うんですけど、ずっとぶれている人もいると思います。ぶれてはいくと思うんですけど、ゆっくり、自分に似合うものを見つけて。あと、自分の中身を見てくれる人を見つけるのがいちばんだと思います。外見で判断されることがほかの人よりも多いと思うので。

みちみちるさん

みちみちるさんは1993年生まれ、アメリカ人の父と日本人の母を持ち、幼少期からの自分の生い立ちやハーフとして生きる自分のことを発信するインスタグラムアカウントを運営中（@michimichiru_pdx）です。

――お生まれはどちらですか？

生まれは、九州の福岡県になります。私の小中学校のときは、同じようなアメリカのハーフの大家族がたまたまいて、ハーフがいることが普通だっていう雰囲気をつくり上げてくれてたので私は素直に馴染《なじ》めました。周囲も、ハーフだからっていうことじゃなくて、メガネをかけてるとか、まじめとか、そういう他のところで私を判断してたように思います。ただ中学生になると、髪の毛の色に対していろいろ言われるようになってたかな。やっぱり目立つから、いじめっ子にいじめられたりっていうのはありましたね。あとは、社会の授業で戦争の話になったときに、アメリカが原爆を落としたという話で「え、おまえの国じゃん」っていうことを言われたりだとか。

高校からは、地元と離れたところに通うことになったので、ゼロからのスタートだったんですよ。私の場合は高校で一気に、今までなかったことが起こって、アイデンティティクライシスとうつが始まりましたね。見た目の話も、目の色、髪の色をずっと言われたり、知らない子にも噂《うわさ》の材料にされてたりだとか。

進学校っていうのもあって、みんな受験に響くじゃないですか、まわりもそれをわかるから、この子とかかわらない方がいいなって思われてたのかな、どんどん孤立しちゃって友だちもいなくなっちゃって。自分のクラスではもう、3カ月ぐらい一言も口を利かないような時期もありました。私の良くない噂を流して私を孤立させる子がいて、その子のターゲットにされちゃったんですよね。「髪の毛黒く染めればいいのにね」みたいに言われていました。メールアドレスを知られて、いやらしいメールみたいなのを送られたりもしました。

それから、高校生になってからは道を歩いてても、ナンパとかが始まっちゃって、そういうのもすごくイヤで、怖かったですね。高校生に声かけるなんておかしいやろって。だいたい大人の男性ですからね、声かけてくるのは。ナンパは大嫌いです。向こうは数打ちゃ当たるって思ってるんでしょうけど、こっちは当たってるんですよね、流れ弾が。

初めて言われたときは「えっ」ってなって、怖くて何も反応できないから。「無理」さえも言えなくて、首を横に振るしかなくて。怖かった。そういや中学校のときに声かけられたりもあったかな。1回、連れ去られそうになったことがありました。腰をグイッとされて「こっちおいで」って。「いや！」って大きな声で言ったら、どっかに行ったけど……。いろいろな意味で目立ってしまうので、悪い人も寄ってくるし、そういう弾に当たりやすくなってしまうのかなって。ハーフの女性と日本のルッキズム（194ページ参照）の問題っていうのはすごく関係が深いなって思いますね。

母とはケンカじゃないですけど、けっこうぶつかった時期で。八方塞《はっぽうふさ》がりで、自分の仲間はだれもいないって思ってた時期なんですよ。勉強もこんな状況でできるわけなくて、成績もガタガタで。ほぼほぼビリッケツでした。ボロボロではあったんですけど、お母さんが最後に「生きてくれてたら、それでいいから」と言ってくれて。私もそれだったらできるかなって。希死念慮《きしねんりょ》がすごかったので、ちょっと危ない行動しながら生きてるみたいな。

気分転換に散歩しようにも、外でも人に見られるからイヤで。過食症が始まったのも高校の中ごろからでした。たくさんお菓子を買っては食べ、それでストレスを解消するみたいな感じ。ひどかったな、今思うと。いちばん大変な時期でしたね。「生きてればいい」っていう言葉で、落ち着いて、いや落ち着いてはないんですけど、まぁ1日1日をのらりくらりとやり過ごすので精一杯みたいな状態。死ぬ勇気はないけど、消えたいみたいな感じでしたね。黒い髪にして、黒いカラコンを入れたらまわりと馴染《なじ》むんじゃないかとか、そうなるわけないんですけど、そんなことを考えたりもしましたね。

そのあと、勉強に疲れちゃったので、自分の好きなことをやろうと思って、大学は美術系のコースに入りました。けっこう楽しく通えましたね、美術系って変わった人も多いので、自分が逆にまともに感じました。変わってる子が多いから、私でもやっていけそうって、なんだか肩の荷が降りて。それでも大学の外ではいろいろありましたね。バイト先の図書館では、「日本語わかるんですか?」とか言われて、その場で泣き崩れて過呼吸起こしちゃったこともあり

ハーフ、
日本に
生きて。

高校に入った辺りから、容姿や出自による
いじめ・無視・からかいが増え、その質も
人間のいやらしい部分がダイレクトに
伝わるものになった。
そしてコップがとうとう
あふれてしまったのだと思う。
つまり、ほんの些細なことにも
過敏に反応してしまうようになった。

誰もが気持ちよく受け取れる
表現があることを、
みんな知っているはず。
アレルゲンにならない
思いやりのある言動を
心がけたいね。

みちみちるさんのインスタより

ました。

大学のときもやっぱり一時期うつっぽくなってしまって、高校での経験のフラッシュバックもつづいていたのもあって。1週間も外に出れなくなったりとか、この先どうなるんだろうとか、いろんなもので大学3年生ぐらいにきつくなってきて。

大学生になってから長期休みのときにアメリカに行くようになったんですよ。アメリカではジロジロ見られないから、ストレスがないことに気づいて。ご飯も適量で過食もしなくなったので、こっちのほうが心身ともに健康に過ごせるぞって。大学3年生のときは週1でカウンセリングを受けてたんですけど、アメリカに移住しようねって決まってからは、前向きになって。この状況から抜け出せるっていう光が見えたのでがんばれたというか。前に進めたなって思います。

そして卒業後、ポートランドに移住しました。1年半か2年ぐらい住んでましたね。楽しく人生を謳歌《おうか》したというか、イヤなことも時々あったけど、初めて人生をちゃんと歩んでいる感じがして。そのとき、インスタグラムを見ていたら、自分の経験を絵にして発信しているアカウントをいくつか見かけたので、私もこういうことやってみようかなと思って。私の視点から書いたものを見てもらえるかなって気持ちでアカウントを始めました。


――「ハーフ、日本に生きて。」っていう投稿もとても印象的でした。

ありがとうございます。投稿には良い反応が9割ぐらいで、同じ悩みを抱えてるってことをハーフの子からメッセージもらったり。同じ経験をシェアできるっていう喜びがありました。そうやってメッセージをくれる人には、いつも「私たちは一人じゃないよ」って言うようにしています。遠くでも今はこうやってネットもあるし、心もつながってて、あなたのこと応援してるから一緒にがんばろうねって。

第5章

メンタルヘルスについてどう向き合うといいの?

――メンタルヘルスって、心の健康のことだよね？

そうです。体の健康と同じように、だれにとってもきわめて大切なことです。

「ハーフ」や「ミックス」などと呼ばれる人々のメンタルヘルスというテーマでは、まだまだ情報発信や団体活動が少ないのが現状です。けれども、この本でもあなたと見てきたように、日常生活ではマイクロアグレッションや制度的な差別、いじめの問題など、深刻な現状があります。章の間に掲載したインタビューでも、一人一人がさまざまな生きづらさや違和感を抱いていたり、うつ病や摂食障害など、さまざまなメンタルヘルスの問題が語られていました。

そこで、この問題をもっと知ってもらえるようにという思いで、「ハーフ」や「ミックス」などの人々のメンタルヘルスについて、インスタグラムを使って情報発信を行っている方、アフリカ系の若い人たちが安心していられる場所づくりをしている団体、カウンセラーとしてメンタルヘルスに向き合う方にお話を聞きました。

blossom the project 中川ホフマン愛《めぐ》さん

メンタルヘルスや社会問題について「当たり前」に話せるような社会を目指して、インスタグラムを中心に情報発信を行う blossom the project（ブロッサム・ザ・プロジェクト）。この活動を立ち上げ運営する中川ホフマン愛さんに、これまでの経験と活動のきっかけ、「ハーフ」「ミックス」とメンタルヘルスというテーマでお話を聞きました。

愛さんは、自分のことを「日本生まれの南アフリカと日本のハーフ」と教えてくださいました。日本で生まれ、生後すぐにアメリカのロサンゼルスに移り住んだといいます。10歳のときの両親の離婚がきっかけで大阪に引っ越し、その後フィリピンやアラブ首長国連邦などの国々を行き来しながら、現在は「blossom the project」で情報発信活動を展開しています。

@blossomtheproject

下地　**10歳のとき、日本に帰ってからどんな経験や思い出がありましたか？**

中川　日本に帰ってきて初めて、「自分って日本人として見られてないいんだ」ってことに気づいて。それまで、そういう自分のアイデンティティについてまったく何も考えてなかった状況から急に、まわりから「ガイジン」扱いされたり、つねに髪の毛の色とか目の色とかを注目されたり、「えっ、日本語話せるの?」とか、こういうマイクロアグレッションがすごくあって。そのときは電車で通学してたんですけど、もう電車乗るたびに、まわりから「あ、ガイジン」って見られたり。本当に自分の見た目をすごく気にするようになって。それが本当に大変で。そこから、精神的に自分を追い込むようになって。1回、お姉ちゃんと電車で座ってるときに、目の前の男性からすごくイヤな言葉を言われて……。それで、「えっ、私ってこんなふうに見られてるの?」って。私まだ15歳のときだったので。それがすごくショックで……。そこから、自分がハーフであることも、自分が性的に見られていることも、すごくイヤになって。

たぶん、そういう自分のアイデンティティに対するコンプレックスとか、悩みとか、その学校での友だち関係とかも含めて、それがどんどんメンタルヘルスに影響してきたっていうのが。

私のお父さん側の親戚には精神疾患《しっかん》を抱えている人がいたんですけど、日本のお母さんのほうの家族はそういう人がいなくて、精神疾患とかメンタルヘルスについて話す人がいなくて。私自身も自分の状況にぜんぜん気づいていなくて。お父さんとすごく仲が良いんですけど、15歳ぐらいから精神的に不安定になるようになってきて。気分の浮き沈みが激しくなったり。学校でもたとえば……朝学校に行くときは気分が良かったのに、帰るころにはすごくしんどくてだれとも話したくないとか、すごくイライラして友だちにあたったり、自分でコントロールできない状態になっていて。それをお父さんと話していて、お父さんは「1回、精神科に行ってみたらどう？」とか「カウンセリングに行ってみたら」ってすごくそういうことを言ってくれたんですよね。でも、私は、「いや絶対に違うし、ママに言ったら怒られる」とかそういうふうに自分でも反対していて、認めたくなくて。だからけっこう、15歳のころからメンタルヘルスについて、ちょっとずつ考えるようになってきていたんですけど。でも日本の家族に話すことができなくて。それで、自分で絶対に認めたくなくて……、それでそのまま16歳、17歳となってつづいていって。

17歳のときまで、1回も学校を休んだこともなく、遅刻もしたことがなかったんですけど。ある日朝起きて、もうパニックを起こして。もう学校に行けない、ってなって。ベッドから出られないほどひどくて、そのときに初めて、お母さんが……。お母さんもそれまでは、私の姿を見て「がんばりすぎなんだよ」とか、「ちょっと運動したら治るよ」とか「考えすぎ、大袈裟《おおげさ》だよ」とかすごく言われて。だから私はそういうふうに、「自分が大袈裟だからなんだな」と思ってたんですけど。

お母さんはそのときの私の状態を見て、学校に行けない私の姿を見て、さすがに「1回精神科に行ってみよう」ってなって。で、精神科に初めて行って。そこで、すぐに「うつ病」と診断されたわけじゃなくて、それから何回か通って先生から「これはうつ病だね」って。あと、パニック障害。私は本当に、そのつらい思いがなくなってほしくて、どんな手段でもいいからこの気持ちから解放されたくて。先生は、「抗うつ剤」があるけどって。お母さんはすごく反対だったんですけど、私からしたらもう、なんでもいいから飲むってなって、抗うつ剤を飲み始めて……それが17歳のときで。17歳の夏。

私の誕生日が9月なんですけど、18歳のときに、私の誕生日のつぎの日に、私のいとこが、父方の家族が、自殺で亡くなったんですよね。私が18歳になったばっかりのときで。その経験から、お母さんも初めて、精神病と真剣に向き合わないといけないんだな、となって。自分のメンタルヘルスをしっかりとケアしないと、いつ、どのように追い込まれてるのか、うつ病って見た目ではわからないんですよね。精神疾患っていうのは見た目ではわからないのが多いので、家族みんながショックを受けて。そのいとこと家族みんなすごく仲良かったので。

私もいとこが亡くなったあとに、学校を不登校になって、行けない状態がつづいて。その経験があったからこそ、「なんで今までこのことについて家族で当たり前のように話せなかったんだろう」って。すごく私も悔しくて。なんで私もあのとき、いとこになにも言

自分がどんな思いを日々抱えているのか
だれにもわからない

えなかったんだろうとか。私になにかできたことがあったんじゃないかなって、自分をすごく責めるようになって。

18歳のときのその経験がブロッサム・ザ・プロジェクトを始めるきっかけになったし、私がここまでメンタルヘルスについて発信する理由で。たぶんいちばんつらかったのが、その出来事があったとき。でも、それでもまわりからは、「愛《めぐ》って、でも人生完璧だからね」「幸せそうだし」って。お父さんが海外に住んでいたので会いに行くこともあったので、「いつも旅行してるし」とか。「勉強もできるし」「なんの悩み事があるの？」って、それを言われることが本当につらくて。いや、あなたにはわからないよ、って。

だいたいそうなんですよね。自分がどんな思いを日々抱えているのかって、だれにもわからないことだから。なんでもっとメンタルヘルスのことについて当たり前のように話せないんだろうって、そのことが悔しくて。まわりの友だちとかクラスメイトだけではなくて、家族にも……。お母さんに初めて精神科に連れていってもらったときも、「このことはだれにも言わないでおこう」とか言われて。「なんで病院に行くの？」って聞かれたら、「ちょっと最近しんどいんだよね」って言ってそれ以上話さなかったり。自分の家族の中でもなかなか理解されなくて、それについてすごくいろいろ考えるようになって。もっと当たり前のように自分のメンタルヘルスについて話せるような場所、セーフ・スペースをつくりたいなって思いました。

　今年（2020年）の4月に新型コロナがいちばんひどかった時期に、いちばん私が心配になったことが、精神疾患を抱えている人がどのようにこのパンデミック（感染症の大流行）の中で、自分のカウンセラーと対面できず、自分のサポートグループにも参加できず、仕事をなくして今まで病院に行けたけどお金がなくて薬代を払えなくなったとか、ということで、そういう人々のためにも、もっとメンタルヘルスの情報を取り上げられる場所が欲しくて、そこからブロッサム・ザ・プロジェクトっていうインスタグラムのアカウントを開いて。

　最初は読んでて気持ち良い文章と絵を書いたりして、ちょっとずつメンタルヘルスの、セルフケアの方法とかいろいろ発信して。社会問題についても……社会問題ってすごく個人のメンタルヘルスにもかかわってくるテーマなので、社会問題についても発信しつつ、メンタルヘルスをメインに日々投稿するようになって。

下地　投稿を見ていると、レイシズムの問題とか、フェミニズム、ジェンダーに関する投稿もすごく多いですよね。エイブリズム（主に障害を持つ人々に対する差別と社会的偏見のことを表す言葉）や、ルッキズム（外見の美醜《びしゅう》という軸を重視して評価し差別すること）の問題とか。

社会問題は
個人のメンタルヘルスにかかわる

中川　やっぱり精神疾患になるっていうのはいろいろな理由があると思うんですけど、環境に影響を受ける場合もあるので。たとえばこのレイシズムの問題に関しては、つねに自分のアイデンティティとともに生活しながら差別を受けたり……。私の場合だと、まだ肌が白くて、ホワイトだから、それなりに特権がものすごくあるし、それを私も理解しているけれど、黒人とのハーフのアイデンティティを持つ人々の日々受ける差別って私には絶対理解できないことで、それと日々戦いながら生活して、もちろんメンタルヘルスに影響がおよんでいますし、そういうトラウマがすごくあるし。

だから、差別をなくしたいのであればもちろんその差別が生まれる原因を見ないといけないけれど、それとともに、差別を受けている人をどのようにサポートするのかとか、その人たちのメンタルヘルスをどのように理解することができるのかというのがすごく大切だと思ったので。私の目標は、メンタルヘルスについて当たり前に話せるような社会をつくることなんですけど、それと同時に、社会問題とどう向きあうのか、ということもすごく大事なことなので、その両方を見ていくというのが、私の、ブロッサム・ザ・プロジェクトの情報が増えていった背景でもあります。もっと深刻なテーマについて、ちょっとでも話せるようになったらいいなって思うようになりました。

下地　いろんな反応があったと思うのですが、とくに印象深いものとかありますか？

中川　そうですね、メンタルヘルスに関する投稿はみなさんすごく受け入れてくれて。すごく重要だなって思ってくださってるんですけど、社会問題についての発信、とくにフェミニズムとか人種差別っていう問題を取り上げると、反応の中には、「日本に、こういう西洋の文化を押しつけるな」とか、「日本人じゃないくせに、なんでこういうこと発信してるんですか？」って言われて、「いや私、日本人ですけど」って思うんですけど。どうしても私が日本人として発信していることを認めたくない人がいますね。あと、日本にこのような差別が存在することを認めたくない人とか。

私が理解できないのは、私が発信していることって、基本的には「人権問題」なんですよ。国、国籍関係なく、これは人権の話なんですよ。でもそこで、まるで私がアメリカ寄りであるかのような反応がくるのが……。私はアメリカ寄りでも、日本寄りでもなく、人間寄りなんですよね。それがなかなかみんなに理解してもらえなくて。

下地　社会的な発信によって何をしたいかというと、ぜんぶ人権につながっているという

話ですよね。発信や活動をしていく上で、とくに意識しているのはどんなことですか？

中川　そうですね、私がつねに意識していることは……。私はハーフであっても、さまざまな特権があったり、このようにメンタルヘルスについて発信できるのも今までの経験もあるけれど、同じような経験をしていても経済的に支援を得ることができなかったり、カウンセリングに行きたくても通うお金がなかったり、親が精神科に行くことを絶対に許してくれなかったり……。私がつねに意識しているのは、私の経験はあるけど、みんなそれぞれの経験は異なるので、どうやって自分の特権に気づくのか、とか。

英語で「ホワイト・パッシング（white-passing：白人としてやり過ごす）」という言葉があるんですけど、私は、ハーフだけど肌が白いからそれなりに特権があるので、それについて意識しないといけないし。みんなの経験をひとくくりにするのは、ほかの人の経験を消してしまうことになるから。ごめんなさい、うまく説明できないんですけど。セルフケアをできる、とか、メンタルヘルスの支援を得られるっていうだけでも大きな特権なので。セルフケアの一環として、たとえば休みをとるということだけでも、絶対に仕事が休めない人は休めないので……。インクルーシブ（包括的《ほうかつ》、包摂的《ほうせつ》）な視点から見ていくことが必要だなって思いますね。

African Youth Meetup Japan

三浦アークさん 大塚エレナさん

African Youth Meetup（アフリカン・ユース・ミートアップ）の代表をつとめる高校生の三浦アークさん、運営メンバーとして活動している大塚エレナさんにお話を聞きました。

アフリカン・ユース・ミートアップとは、アフリカにルーツを持つ若者（10代・20代）の日本を拠点にしたコミュニティ。2019年7月より活動を開始し、コロナ禍での20年3月からオンラインでのイベントも始めました。NPO法人アフリカ日本協議会（Africa Japan Forum）の事業の一つです。同協議会ではアフリカにルーツを持つ子どもやその家族を対象とした「アフリカン・キッズ・クラブ」も06年より運営しています。

Instagram: @africanyouthmeetup

Youtube チャンネル「The Black Experience Japan」では、African Youth Meetupのイベントの様子が見れます。https://www.youtube.com/watch?v=PTNxgK9S7wc

――最初に活動を始めるに至った経緯について、これまでの経験なども含めてお話しいただけますか？

三浦　私は、日本人の母親とウガンダ人の父親のもとに生まれ、日本で育ちました。

中学に上がってから、いじめの本番が来ました。中学校に入学してすぐのころにまわりからの期待とか、女子からのいじめもスタートし、色々なことがあって、うつ病になってしまって。まわりと違うことでいろいろと指摘されたり、（黒人は足が速いなど）ステレオタイプがあるからその期待に応えなきゃいけないっていうプレッシャーから、すごくメンタルを崩してしまった部分がありました。

我慢が重なる日がつづいて、あるとき、学校に行けない日があって、その日から不登校の期間が始まりました。今思い返してみると、不登校の期間って2週間ぐらいだったんですけど、中学校3年生まで結局、同じクラスの同じメンバーだったから、男子と女子の両方からいじめをけっこうされる日が続きました。更衣室で着替えてるとき、女子が目の前で「私黒人嫌い」と言っていたのが今でも記憶に強く残っています。数えたらキリがないですね。本当に、そういう経験が数え切れないほどありました。

中学校を思い返すと、やっぱり先生が何か適切な対応をしてくれたらすごい助かったのにってすごく思います。でも、相談しに行ったとき、「女子から○○された」ってこちらが言っても、逆に、「アークがセンシティブすぎる」とか、こちら側の問題にされるというか。今考えても、どうしたらもっと良い生活にできたのかと葛藤があります。いじめや差別、相談しても何もならない経験をして、我慢しながら中学校生活を送り、卒業して東京に戻りました。

東京の高校に進学して、お兄ちゃんがＮＰＯ法人アフリカ日本協議会のアフリカン・キッズ・クラブでインターンをしていたので、その存在を知っていて、何回かそのダンスクラスに参加しました。そのときに、自分の中学校の経験もあったし、ずっと日本にくらしていて自分と同じ境遇の人とか、相談相手がいれば、自分に対しての自己肯定感もそうだし、いじめの経験ももうちょっとハンドリングできたと思う気持ちから、キッズだけじゃなくて、ユースのメンバーが集まってディスカッションできる場がほしいなと思ったのです。それで、２０１９年の夏に初めてアフリカン・ユース・ミートアップを開催して、そこからさまざまな活動をし始めました。ユースの声をもっと届けたいっていうことで、ＶＯ１ＳＳというオンラインメディアとのコラボとして、記事も公開しています（http://jp.vo1ss.com/?s=AYMJ）。

いろいろなイベント活動も行っています。これまでのテーマは「学校での経験」だったり、「黒人女性であること」など、場合によってはセンシティブなトピックだったりもするので、参加にあたってのガイドラインを作っています。アフリカン・ユース・ミートアップでは第一に、アフリカンルーツの中高生たちが安心して自分らしくいられる場っていうのを重要視したいのです。

たとえば、「人を否定するような発言は一切認めない」や、「話す人には最大限の意見を尊重し、傾聴してください」などがあります。多様な人に対する話の聞き方に関する認識が不十分なところがあると思うので。学校でも差別の経験を話すと、「差別なんてないよ」とか、相手のしてる経験を否定する人も多いのです。だから、こういうガイドラインをつくってそれを守ってもらうように開催してます。

大塚　普段はアフリカにルーツをもつ人をメインでイベントを開催しているんですけど、たまにいろんな人を呼んで、アフリカにルーツのない人は普段考えないようなテーマについてみんなで考えるパネルディスカッション形式のイベントをやるので、そのときにこのガイドラインを使っています。今まで、一般の参加者向けの大きなイベントを2回やっています。1回目はアフリカにルーツをもつ日本に住んでいる若者の声をシェアするというイベントをやりました。2回目は「マイクロアグレッションについて考えよう!」というイベントでした。いろんなバックグラウンドや年齢層の人を呼んで、一緒に考え、ディスカッションを行いました。

1回目のイベントの前に、アフリカンルーツの若者向けのイベントとして「ケアセッション」も行いました。それも2020年6月で、とくにアフリカにルーツをもつ人にとってはいろいろと心の痛むニュースが流れていました。そういう人たちのためのケアセッションとして、自分が感じていることをシェアしてもらって、みんなで一緒に聴くという、アフリカにルーツをもつ若者に限定したイベントにしました。

活動内容としては、大学の授業での登壇や外部の団体とのコラボもたまにやっています。発信もやっているんですけど、優先順位としては、ユースが安心・安全でいられる場の確保のほうが高いと思っています。

私はアメリカで生まれて、父がアメリカの人で、母が日本の人です。小学生のころに日本に引っ越してきて、公立の学校に通いました。通っていた日本の小学校や中学校ではまわりに(見て分かる範囲では)ミックスルーツの子がほとんどいなくて、ブラックミックスの人は高校生になってやっと少しだけいた、という状況でした。

肌のことや髪のことなどで、まわりに言われたり自分がいろいろ感じたりしても、相談できる人もいないし、共感してもらえる人もいなくて。父は小さいころに亡くなっているので、母子家庭なんですけど、母も自分とは経験が異なるので「話してもわかってくれないだろう」と思って、母に相談することもあんまりなくて……。

小学生のころに、「入れても落ちてこない」って、髪の毛に消しゴムを入れられたことがあって……。当時、メディアに出てくる黒人って限定されていて、いてもステレオタイプに当てはまるような描写しかなくて、黒人タレントの物真似をさせられたりだとか。心の中ですごく違和感というか、なにこれ、みたいな気持ちを抱えていたんですけど、私自身もまわりに受け入れられたくて、これぐらいしないといけないのかなと思ってて……。だんだん思春期に入るにつれて、自分はやっぱりみんなと違うんだと……。女性だからってい
うのもあるんですけど、日本ってルッキズムが強いと思うんですよね。とくに女性は、美の基準とかけ離れているとダメみたいな風潮があって。自分がそこにどう頑張っても当てはまらないと、かなり早い段階で気づきました。

どうしてもやっぱり、自分の髪がぜんぜん好きになれなくて……、好きになれなくてというよりは、自分の髪のことがよくわかってなくて。小学校5年生ぐらいからずっと縮毛《しゅくもう》矯正《きょうせい》をやっていて、そのときから、自分の髪ってナチュラルなままじゃいけないんだなみたいなものが、だれかに言われたわけじゃないんですけど、刷り込まれていって。ナチュラルヘアのやり方も知らなかったし、ほかの選択肢がわからず、それで小学校から高校ま

でずっと縮毛矯正をかけてました。でも、これを私はあと何年つづけなきゃいけないんだろうって疑問に思って、大学生のときにナチュラルに戻そうって決めて、戻しました。

それはそれで、最初何年かは大変というか……。今はツイストにしてるんですけど、当時はアフロだったんですよね。髪が伸びてくるにつれてボリューミーになってきて、私はすごく好きだったんですけど、それで日本で生活しているといろんなことが起きるので。まず、すっごく見られるのはもちろん、初対面の人に「実験に失敗したの?」とか、「火事に巻き込まれたの?」と言われたり。勝手に髪の毛を触られたり、勝手に写真を撮られたりしたこともあります。電車で前に座っていた人がいきなり一眼レフをこっちに向けて撮ったんです……。

三浦　髪の毛については、本当に、当然のように先に手が出て触ってくることがあります。小さいころから何度もやられて、触られることに慣れていた部分があったのですが、今はあまり触って欲しくないというか、触られることに対して良くないなと感じてますね。なぜかというと、最初にこちらの許可を得ずに、人の体を触ることって、良くないことだし。髪でなければ、性的同意にもかかわることだし、普通に触られると動物園にいるみたいというか、自分の髪の毛が異質だと言われているような気がしてイヤです。

大塚　たかが髪と思うかもしれないですけど、ぜんぜんそんなことなくて。あとは、髪がボリューミーだった時代にバイトの面接に落とされたことがあって。面接官に、「うちのお客さんはすごくおしゃれでファッションを気にする人が多い。その髪はうちで働くには量が多いから切ってもらいます」って言われて。私はそこで勇気を出して、「それは、私の髪質がこうだから言ってるんですよね」って言ったんですよ。その人はそれを否定して、「あなたはすごいこだわりをもってるみたいだから、もうこの話は終わりにしましょう」みたいな感じで。その人が変なことを言ってるのが悪いんじゃなくて、私がこだわってるのが悪いみたいな言い方をされて。そのあと、エレベーターの中で泣きましたね。自分で生まれ持った髪質を、なんでそのままにしちゃいけないのって思いはあったんですよね。そのままの髪質でいいんだっていう証明がしたかったというか。ほかの人に見られたり、触られたりしても、ストレートに戻そうとは思わなくて。アフリカン・ユース・ミートアップでも髪に関するイベントをやりましたね。髪の話もとても大切なので。

私がこの活動にかかわりたいと思った理由は、自分が10代の多感な時期に、まわりに自分と似たような境遇の人があまりいなかったから。そういうときに、アフリカン・ユース・ミートアップみたいな場があったら違ったのかなっていう思いがあって。でも別に10

代だから必要というわけでもなく、もしかしたら結局は、自分自身がそういう場を必要としてたのかもしれないなって。私の場合、仕事とかもそうなんですけど、自分がやることは、子どものころの自分を癒《い》やす気持ちでやってるところがあって。「人のためにやりたい」とか、そういう思いはあんまりないというか。「人のためにやろう」と思うと、こう逆に、上から目線になってしまうというか、それはちょっと違うのかなっていうのが正直なところで。

この活動も外から見たらボランティア活動に見えると思うんですけど、私はぜんぜんそういう気持ちでやってなくて、むしろ自分のためって思ってるところがあるので。アフリカン・ユース・ミートアップの存在とか、そこで出会った人、参加してくれる人もそうなんですけど、一緒に運営してる人とかかわっていく中で、すごく自分が支えられてるなと感じるし、やっぱりそれは私自身にとって、アフリカン・ユース・ミートアップが安心・安全でいられる場だからだと思うので。10代だからこそそういう場がすごく大事っていうのはもちろんですけど、そういう場って、何歳になっても必要だなって感じますね。ここが、ほかの人にとってもそういう場であったらすごく嬉しいなって思います。

――最後にお二人から伝えたいメッセージを、お聞きしてもよいですか？

自分が経験する違和感はぜんぶ信用してほしい

三浦　今までで、一番中学校がつらかった時期でした。同じ境遇の中学生に伝えたいのは、「自分が経験する違和感はぜんぶ信用してほしい」ということです。とくに、自分がマイノリティである環境にいると、自分が受ける差別の経験はまわりの人はなかなかしていない経験だから、相談に乗ってほしいときに、「センシティブすぎる」とか「そんなことないよ」とか言われてしまうこともあると思うのです。でも、その違和感はたしかにあるから、まわりからそうやって言われても、自分を信じてほしいです。

マジョリティである親とか先生は、とにかくそういう子どもたちの話を傾聴《けいちょう》してほしいです。差別を経験するだけでもつらいのに、大人が話を聞いてくれないことでさらにつらくなるので、メンタルヘルスにも影響することだし、すごくつらいので、とにかく聞いてほしいですね。少しでも自分の経験を聞いてくれる人とか、サポートシステムを確保することは大事だと思います。私も、学校ではあまり理解してくれる人はいなかったけど、家族とか学校外の友だちが聞いてくれて助かったので、一人でも二人でもいいから、サポートしてくれる人が必要だと思います。

大塚　当事者の子に伝えるとしたら、「一人じゃないよ」っていうことですね。まわりに

どこかにあなたを受け入れてくれる場所は存在する

そういう子がいなかったり、いたとしても同じような経験をしてなかったりするとどうしても、こういう気持ちとか経験は自分だけなのかなって思いがちなんですけど。結局どういう経験をしてどう感じるかっていうのは人それぞれなので。でも、共感してくれる人っていうのは絶対いるし、そういう居場所もある。

小学校、中学校のときって、人と出会う場所が家と学校に限定されがちなので、そこに居場所がないと感じちゃうとどうしても疎外《そがい》感とか孤立感が生まれてくると思うんですよね。やっぱりそういう経験が私たちにもあるし。「探せ」って言われて、探したり見つけられたりするものじゃないとも思うんだけど、どこかにあなたを受け入れてくれる場所は存在するから。そういう存在があるっていうことを信じるのは難しいかもしれないけど、それは頭の片隅《かたすみ》に置いておいてほしいなって、私は思います。

あんまり上からこうだよって言えないんですけど、やっぱり私も疎外感を感じながらも、今日までなんとか生きてきて。アフリカン・ユース・ミートアップを通していろんな仲間と会って。ここで出会った人とのつながりっていうのは、自分のルーツとか経験がなかったらできなかったわけで。人とのつながりっていうのが自分の自信にもつながるし、幸せにもつながると思うんです。

心理カウンセラー

ラッシュ セリーナ萌さん

現在、心理カウンセラーとして活動されているラッシュ セリーナ萌さんに、これまでの経験や心理カウンセラーを目指すきっかけなどについてお話をうかがいました。萌さんは「ちがいをこえて」をテーマに、多様性が認められる優しい社会を目指し、Zoomを用いた個人向けのオンラインセラピーをはじめ、日英ハーフとして日本で育った経験から「国際理解」をテーマとした各地での講演活動や、教育現場への出張授業をとおして、多様性を認めていくことの大切さを伝えています。
またセラピールーム ラピスラズリ for kids では、子どもたちが幸せに生きる力を身につけられるよう、心理学を取り入れた子どもが楽しめるワークを行っています。
Instagram: @lapis_lazuli.counseling

下地　カウンセラーになりたいと思ったきっかけやカウンセリングの際に大切にされていることはありますか？

ラッシュ　カウンセラーになりたいと思った理由は、いちばんは、子どものときに、もし自分よりも年上の大人のハーフの人がいたら相談できたのになって思ったことが大きくて。

まず、だれも知らなかったし、大人のハーフの人を見たこともなかったし、ロールモデル（具体的な行動や考え方を目標にできるような人物）もいなかったというか。だから、子どものときに、こういう大人がいてくれたらよかったのにな、という思いがあって、その大人に自分がなりたいなっていう思いでカウンセラーになろうって決めました。

カウンセラーの資格をとって、今はオンラインで相談を受けてるんですが、ほかにも子ども向けのカウンセリングとか、子どもが癒やされるようなワークを対面でしたいなと思ってます。ハーフの子に限らず、いろんな子どもたちのセラピーとかカウンセリングをやりたいなって。

下地　**本当に相談したいと思ったときにつながれる場所があるのはとても大事ですよね。カウンセリングをしているときに、なにか意識されていることとか、気をつけてることってどんなことですか？**

ラッシュ　そうですね、いちばん思うのは、まずみんな根底に「自分がいけない」って思ってる部分があるんですよね。「自分がいけない」とか「ハーフだからおかしいんだ」とか「肌の色」とか。そこからまず考えていかないといけなくて。ハーフであることはいけ

ハーフであることは間違ってもいないし ヘンでもなんでもない

ないことでもなんでもなく、それでいいんだという。良いとか悪いとか、そういう評価対象ではないので、ただそういう存在なんだという。それを本人が受け入れられるようにと思っています。

なにかしらのマイノリティとして育った子は自己否定がすごく強くて、自己肯定感も低くて、その要因となっているのは社会の問題でもあって。ありのままの自分ではいけないという社会からのプレッシャーも強くて。ありのままの自分を見せると、嫌われたり、なにか言われちゃったり、面白がられたりとか……。まわりの期待に応えようとしたりだとか。ハーフの子だと外国人らしさを求められたり、日本人らしさを求められたりする中で……、私もそうだったんですけど、本当の自分がわかんなくなってきちゃう人も多くて。そのときそのときでカメレオンみたいに態度を変えたりとか、それが心の中で負担になったり悩みになってしまうから。

まずはそのままでいいんだよ、ハーフであることは間違ってもいないしヘンでもないんだよ。「あなたのままでいいんだよ」っていうところから入っていく。そこは時間がかかるんですけど。でも、まわりがたとえなにを言ったとしても、自分が自分のことを「自分は間違っていない、自分は愛されるべき存在だ」っていうのをまずは自分で認めていこうっていう、それがいちばん大切なことだと思っています。

齊藤 花ジェニファーさん

ブラック・ライブズ・マターに関連して、日本社会の現状やご自身の経験をウェブの記事としてまとめている花さん。それをきっかけにお話をうかがいました。

――生い立ちについて教えていただけますか?

生まれたのは茨城県です。父がナイジェリア出身で、母が日本の人です。父は大学で日本に来て、そこで母と出会ってそのまま一緒にいます。ちっちゃいころは、とくに男の子とか、あまり仲の良くない友だちとかから、「髪がクルクルしてるのはヘンだよ」とか「肌が黒いと汚いよ」「なんでそんなに黒いの?」って言われるんですよね。私、小学校5年生のときに、1年ほど、父の国のナイジェリアに帰って。父の仕事の都合についていって1年間ぐらいナイジェリアにいたんですけど、そこで自分の価値観っていうのが変わってきて。ほんとに日本とぜんぜん違う環境だったのですごい衝撃を受けたのと同時に、ナイジェリアに行ってもやっぱり扱いとしては外国人という感じだったので、だんだん自分のルーツって、ルーツというか居場所ってどこなんだろうってもっと悩むようになっちゃって。

でもナイジェリアに行ったことで、日本にいるとき以外の価値観もあるんだなってよくわかって。日本だけがすべてじゃないみたいな。その後、中学校は、アイデンティティの危機というか。中学生のときってすごくみんな、自分の容姿とか性格とか自分の立ち位置とかに、みんな悩むと思うんですけど、私も。とくに肌の色とか、体型とか。バイレイシャル(二つの人種を含む、という意味)じゃない日本人の人とは違う悩みを抱えていて。

差別とかマイクロアグレッションっていう言葉も今になってわかったけど、その当時はそういう意識もなくて、当然に感じてしまっていたというか、そういう偏見とかイメージとかを自分で内面化してた、ぜんぜん違和感を感じてなかったのかなって思います。学校の先生も、差別とかに詳しい先生はいなくて。先生も、最初こちらから「日本人です」って説明して、「日本語しゃべれます」って1回アピールしないと外国人だと思われるので。日本史の授業とかでも私、勉強が好きだったのでいろいろ発言してたんですけど、そしたら「なんで齊藤がわかるのに、日本人のおまえらがわかんないんだよ」みたいなことを言われたり。ほかの日本の生徒と一緒には見られてないっていう思い出ですね。歴史、世界史系とかすごく好きだったんですけど。

2020年の6月ぐらいにBLM（ブラック・ライブズ・マター）が盛り上がりを見せて。それについてのニュースを見て、今までは自分のルーツについて真剣に考えたことなかったんですけど、日本人の一人として無視するのか、それとも黒人として怒るのか、モヤモヤした時期があって。でも、結局いろいろ調べていくうちに、自分とは無関係じゃないし、だんだん怒りの感情も出てきて。

ブラック・ライブズ・マターってアメリカでだけの話じゃなくて、マイノリティ一般に共通する話だなっていうのがだんだん見えてきたので、いろいろ考えることがあって。自分の立ち位置を決めたい、と思ったときに、日本にいるブラック・ミックスの声はどんなんだろうなっていうふうに思ってネットで探したんですけど、あんまり見つからなくて。文章になってるものはほとんどなかったんですよ。なので、もしかしたら自分が書けるのかもしれないと思って書き始めたのがきっかけです。

まわりでいろんなブラック・ミックスの若者のことを見たり聞いたりする機会があったんですけど、やっぱり自分だけの問題だと思ってたことが、自分だけの問題じゃなくて、問題というか。けっこう共有されてる問題だと思ったので。自分だけが心の中で克服すれば済む問題じゃなくて、大きな原因があってそれを変えないと。私、妹と弟がいるんですけど、自分より若い人たちもたぶん同じ経験をするんだっていうことに気づかされましたね。

SNSで情報収集をし始めて、でもなんか自分が思ってたより否定的なコメントがけっこう多くて。とくに、「日本に人種差別はない」っていう。わりと多くの人がそう思ってるっていうのに衝撃を受けて。見えてないんだなというか。差別の現実について知る機会も少ないから、「差別だ」っていうふうに当事者が訴えると、急にみんな「そんなことない」って反発があって。

日本って、「人種差別に加担しない」ってことと、「無関心」ってことを同じだと思ってる人が多くて。無関心でいることが、自分が中立な立場でいることだというふうに思ってる人が多いと思うんですよ。でも、無関心で、知識がないからこそ、いざ被害者が「こういう現状があるんだよ」って言うと、「そんなことはない」って言う人が多い気がしていて。とにかく、日本に人種差別がないわけないじゃん、って思いますね。

中学校で、とくにアイデンティティに悩んだときに、よくネットで、こういう思いを乗り越えた人いないかなっていうふうに検索したんです。よくインタビューとかで出てくるのは、「自分は差別があってつらかったけど、でもこういうことをがんばって乗り越えて、今は幸せ」みたいな話がよく語られてて。いいと思うんですけど、それってあんまり本質的な助けにはならないのかなっていうふうに思っていて。ハーフで、差別されて、っていう経験って、個人的なことじゃなくて、社会的なことなので。根本から解決しなきゃいけないことなのに、その人一人ががんばって乗り越えればいいっていう話じゃないって思ってますね。

有名なスポーツ選手が自身のアカウントで発信したときもそのコメント欄には、「差別に負けないでがんばって」っていうコメントが多かったんですけど。でも、変えなきゃいけないのって、傷ついてる人のマインドじゃなくて、差別が起こってる現状なので。そこを変えない限り、何回も何回も、下の世代もどんどん同じ差別を受ける人が増えるので。トキシック・ポジティビティ（有害・有毒なポジティブさ）みたいな感じですかね。傷ついてる個人がポジティブになれればそれでよいという話ではないと思うので。

もし、アイデンティティとかで悩んでいたら、自分のいる環境のものの見方だけがすべてじゃないよっていうのは伝えたいと思います。

◆花さんの記事はこちらで読めます。

「『黒人ハーフ』にとってのBlack Lives Matter ～日本が無関係でないのはなぜ？～」
https://voiceofyouth.jp/archives/3003

田村カエデさん

現在、保健室の先生としてお仕事をされているカエデさんに、ご自身のこれまでの経験や、養護教員として大切にされていることなどお話を聞きました。

――生い立ちなどについて教えていただけますか？

お母さんは日系ブラジル人の三世で、ブラジル人の父と出会い、私はブラジルで生まれ育ちました。生まれてから小学校2年生までブラジルで過ごして、小学校3年生のときに来日しました。日本語もぜんぜんわからなくて。私の住んでいた地域はけっこう、日系ブラジル人が多かったので、仲良し学級っていう名前で、取り出し授業をしていた小学校だったんですね。私はその取り出しがあったからちゃんと勉強できたのかなって思います。学校の先生はいろいろ親切にはしてくれたんですけど、通訳の先生は常時いてくれるわけではなかったので、友だち頼みという感じでした。同じクラスに一人、ほかに日系の子がいたので、その子頼みでしたね。

近くに日系人のコミュニティはあったりして助けてくれたりはしました。だけど学校からのお手紙とかは、私がある程度勉強ができるようになってきてから、私が親に通訳するみたいなことはしていました。それはそれですごく大変で、やっぱり。まだ子どもなので。やっぱり言葉が通じないとまわりとのかかわりも難しくて。だからなかなか小学校のときは友だちができなくて、同じ日系ブラジル人の子といて。でも、同じクラスにいた子も親の都合で転校しちゃって、自分一人になったりとか。けっこう小学校のころはつらいというか、そういう思い出が多いですね。

日本人の友だちも中学校のころはできたので、友だちの家に行ったりすると、やっと初めて日本人の文化を知ったりして、余計、なんでうちはこうなんだろうっていう思いは強かったかもしれないです。

私は日本語がよくわかるようになってきたんですけど、逆にポルトガル語がわかんなくなってきちゃったので、親とのコミュニケーションも大変でした。中学生ってほんと、ただでさえ難しい時期だと思うんですよ。ただでさえ難しい時期に、ただでさえ親とのコミュニケーションが難しい時期に……。私はポルトガル語がわからない、親は日本語がわからないというので、すごく余計にストレスはありましたね。

その後、高校は普通科に行って、そこで養護教諭になりたいって思ったんです。私もけっこういっぱいいっぱいになると泣いちゃって、そういうときは泣きに保健室に行ってたんですね。そういうときに、保健室の先生が、すぐベッドに通してくれて、すぐ「休んでおいで」って言ってくれたりして。それで、落ち着いたころに話を聞いてくれたりして。外国のルーツを持っていても、保健室の先生なら、いいかなと思って。保健室の先生なら生徒の悩みを聞いたりできるから……。ちょうどそのとき、医療とかも興味があって、天職かなと思いました。

でも、自分が教員になりたいと思って職業をいろいろ調べると、都道府県によって国籍によって公務員になれるかどうかが決まってるんですよね。それもすごい一つのネックだったんです。国籍が。結局調べていくと自分が住んでいた自治体は「日本国籍を持っていない者は、特別任用講師になる」みたいな感じに書いてあって、その意味がよくわからなくて、結局大学で教員採用試験を受けるときに、教育委員会に問い合わせをして、その意味を聞くと、「外国籍でも採用試験の受験はできるし、採用されても給料とかも同じで。だけど、教諭じゃなくて、講師っていうふうに役職の名前が違うのと、保健主事みたいなそういう役職には就けない」って言われたんですよ。けっこう外国籍の人が多い地域なのに、そうやって国籍が違うだけで制限がかかるんですよ。

その後、私は結婚したのちに帰化しました。日本国籍になったあとは、講師じゃなくて、教諭になりました。今自分としては、保健室の先生として、外国人の子どもが多いところで、クラスに馴染《なじ》めなくてつらい思いしている子の話を聞いたりだとか、日本語がうまくできなくてもポルトガル語で相談を聞けるので、拠《よ》り所《どころ》になるし、一つのモデルになるのかなって思っています。

――養護教諭としてどういう経験がありましたか?

外国にルーツを持っている家族っていうのは、言葉の問題もあるんですけど、けっこう仕事が忙しい家庭も多くて、なかなか子どもの教育に目を向けない保護者もいれば、保護者自身が自分の生活にいっぱいいっぱいっていうのもあって、そういう家庭環境が難しい場合もあります。あと子どもは日本語のほうが話しやすいけど、親は外国語の方が話しやすいとか。あと、日本語では自分の気持ちの部分までは話すことができないから、ポルトガル語で伝えるという子もいました。

小学生だと、普通の日本人の子どもでも自分の気持ちを伝えるっていうのは難しいと思うんですよ。そういう発達段階の中で、自分の中で二つの言語があると、やはり伝えるのが難しくなってきます。だから、子どもが伝えやすい言葉で、日本語でもポルトガル語でもOKっていう相手であることが大切だと思ったりします。

あと、学校で通訳者さんが一人だと、その人しか頼れないんですけど、複数いれば、相性の良い人と話せたり、一人が忙しかったらほかの人に相談したりできるし、拠り所も複数に増えるのかなと思います。そういう拠り所が必要だと思っています。

おわりに

インタビューをし始めたとき、すごくショックだったことがありました。それは、今の若者たちが経験していることと、70代になった私の母の経験してきたことが似ていたからです。もちろん、戦後の世代と現在の社会的状況が違うため、経験もそれぞれ違う部分もあります。それでも、「ガイジン」「日本語上手ですね」といったように、違和感や生きづらさや差別は共通している部分があります。それは、社会の中にある問題が何十年も形を変えながらつづいてきたことを示していると感じました。

このまま何もしなければ、今の若い世代やこれから生まれてくる子どもたちも同じようなイヤな経験や差別を受けてしまうという思いもあり、研究だけではなく、セシリア久子さんとケイン樹里安くんとともにHAFU TALKという情報発信サイトをつくったり、書籍やウェブ記事などを作成していきました。講演や授業でこういう話をしているとたまに、「そうやってほかの人と分けて取り上げていること自体が差別を助長する」ということを言ってる人もいますが、もしそのとおりに取り上げないままでいれば、差別の現実も覆い隠してしまうことになってしまいます。一人一人の経験が「ないもの」にされないように、一人一人の声を社会に届けつづけていきたいと考えています。

また、この本を読んで、「ハーフはかわいそうな存在」「ミックス＝差別される人」といった間違った思い込みもしないでください。自分のルーツに誇《ほこ》りを感じていたり、仕事などで多様性を活かしている人もたくさんいますし、一人一人の経験は多様です。問題は社会構造の側にあります。

「ハーフ」や「ミックス」などの言葉には、さまざまな社会のイメージや間違った思い込みが含まれて、必要以上にポジティブに、あるいはネガティブなものとして考えられやすいですが、大切なことは、そういう社会のイメージを問い直し、相手の人権を尊重して、一人一人の声を聞き、社会の構造について考えてほしいということです。

今までたくさんの方々にインタビューをしてきました。その中で、みなさんが話してくれた伝えたいことを10個の権利としてまとめてみました。

みなさんにお伝えしたい10の権利はこちらです。

◆差別を受けない権利がある。

人種、民族、文化、ジェンダー、セクシュアリティ、障害、年齢などによる差別に反対します!

◆同意なしに自分の体に勝手に触られない権利がある。

髪の毛を含めて、私の体を勝手に触らないで!

◆同意なしに大切な個人情報を聞き出されない権利がある。

親の馴《な》れ初《そ》めとか初対面でいきなり聞かないで!

◆生まれ持った髪の毛や肌の色で差別されない、否定されない、変えようと無理に強制されない権利がある。

校則だからといって、私の生まれ持った身体を否定しないで! 悪者扱いしないで!

◆自分のアイデンティティを決めつけられない権利がある。

「〇〇らしい」「〇〇っぽくない」と勝手にまわりが決めつけないで!

◆自分の出自について良い・悪いと評価されない権利がある。

努力や成果を褒めることは大事だけど、海外ルーツがあるというだけで「いいなー」「すごい」「○○が得意でしょ」と評価しないで！

◆自分の言語能力を勝手に決めつけられない権利がある。

言語能力は人それぞれ。勝手に決めつけないで！

◆勝手に代表者にされない権利がある。

海外にもルーツがあるからといって私はその国の歴史・政治・文化・言語などについてなんでもかんでも知ってるわけじゃない！

◆社会の「常識」や「当たり前」によって傷つけられない権利がある。

社会で「常識」や「当たり前」と考えられていることも、目の前の人がいつもそれに当てはまるわけではありません。相手の立場を想像して！

◆これらすべてを含めて、人間として尊重される権利がある。

◆には、みなさんに伝えたい10の権利、（ ）にはそれぞれの権利についてとくに「ハーフ」や「ミックス」などの経験に関するメッセージを示しました。
◆の一つ一つを見てください。どれも海外ルーツの有無にかかわらず、だれでも認められるべき基本的人権について話しています。「だれでも守られるべき人権を、私たちにも守ってほしい」ということです。
これまで本文やインタビューでの語りを見てきてもらってわかったとおり、「ハーフ」や「ミックス」と呼ばれる人々の基本的人権が十分に守られず、ないがしろにされており、差別され、学校や職場など社会で不利な状況に置かれている現実があるということです。

そのため、「ハーフ」や「ミックス」と呼ばれる人々をほかの人よりも優遇してほしい、特別扱いしてほしい、ということではまったくないということです。つまり、だれもが生まれながらに持っていて尊重されるべき人権を、ほかの人も守られるのと同様に、「ハーフ」や「ミックス」と呼ばれる人に対しても守ってほしい、ということです。そして、第4章でも話したように、差別を禁止する法制度やシステムづくりは急務で、「ハーフ」や「ミックス」をめぐる特殊な社会問題も改善していくことが大切です。

そのために、「ハーフ」や「ミックス」と呼ばれる人々の経験について少しでも知ってほしいというのがこの本の趣旨です。

参考にした文献

■**一般社団法人fair 公式ホームページ**

■石川優実編『**エトセトラ VOL.4 特集：女性運動とバックラッシュ**』エトセトラブックス（2020年）

■太田啓子『**これからの男の子たちへ「男らしさ」から自由になるためのレッスン**』大月書店（2020年）

■小熊英二『**単一民族神話の起源〈日本人〉の自画像の系譜**』新曜社（1995年）

■**外国人人権法連絡会 公式ホームページ**

■神谷悠一・松岡宗嗣『**LGBTとハラスメント**』集英社新書（2020年）

■ケイン樹里安・上原健太郎 編著『**ふれる社会学**』北樹出版（2019年）

■下地ローレンス吉孝『**「混血」と「日本人」ハーフ・ダブル・ミックスの社会史**』青土社（2018年）

■砂川秀樹『**カミングアウト**』朝日新書（2018年）

■**性的指向および性自認等により困難を抱えている当事者等に対する法整備のための全国連合会（通称：LGBT法連合会）公式ホームページ**

■望月優大「**『日本人』以外を排除する言葉　『ない』というトリック**」朝日新聞デジタル（2020年12月9日）

■望月優大『**ふたつの日本「移民国家」の建前と現実**』講談社現代新書（2019年）

■吉野耕作『**文化ナショナリズムの社会学**』名古屋大学出版会（1997年）

■**難民支援協会ウェブサイト『ニッポン複雑紀行』**

下地《しもじ》ローレンス吉孝《よしたか》
1987年生まれ。

一橋大学大学院社会学研究科博士課程修了。

現在、立命館大学衣笠総合研究機構・研究員。

著書に『「混血」と「日本人」――ハーフ・ダブル・ミックスの社会史』(青土社)。

「ハーフ」や海外ルーツの人々に関して情報発信するウェブサイト「HAFU TALK」(https://www.hafutalk.com/)を共同運営している。

Twitter: @lawrenceyoshy
Instagram: @lawrenceyoshy

中学生の質問箱
「ハーフ」ってなんだろう?
あなたと考えたいイメージと現実

発行日　2021年4月21日　初版第1刷

著　者　下地ローレンス吉孝
編　集　吉田真美(平凡社)
構成・編集　市川はるみ
発行者　下中美都
発行所　株式会社平凡社
〒101-0051 東京都千代田区神田神保町3-29
電話　03-3230-6593(編集)
03-3230-6573(営業)
振替　00180-0-29639
平凡社ホームページ https://www.heibonsha.co.jp/
装幀+本文デザイン　坂川事務所
イラスト・DTP　柳裕子

印刷・製本　中央精版印刷株式会社

ISBN978-4-582-83866-4
NDC分類番号316.8　四六判(18.8cm)　総ページ224
乱丁・落丁本のお取替えは直接小社読者サービス係までお送りください(送料は小社で負担します)。